旅游类专业课程改革成果教材

# 饭店服务与管理

## （第三版）

主　　编　张建国

执行主编　滕玮峰　毛金春

高等教育出版社·北京

**内容提要**

本书是中等职业教育旅游类专业核心课程系列教材之一，在 2014 年第二版的基础上修订而成。

全书共包括六个项目，即：初探饭店、观前厅、住客房、品餐饮、享康乐、深探饭店。本书为第三版，删除了一些过时的内容，补充了新知识、新内容，以期更符合学生的认知心理和行业发展的客观趋势。

本书配有微视频和学习卡资源，获取学习卡资源的详细说明见本书"郑重声明"页。

本书可作为中等职业学校旅游类专业教材，也可作为旅游行业岗位培训教材。

**图书在版编目（CIP）数据**

饭店服务与管理 / 张建国主编 . --3 版 . -- 北京：高等教育出版社，2021.7（2023.2 重印）

ISBN 978-7-04-056235-4

Ⅰ . ①饭… Ⅱ . ①张… Ⅲ . ①饭店 – 商业服务 – 中等专业学校 – 教材②饭店 – 商业管理 – 中等专业学校 – 教材 Ⅳ . ① F719.2

中国版本图书馆 CIP 数据核字（2021）第 111544 号

Fandian Fuwu yu Guanli

| 策划编辑　王江华 | 责任编辑　王　悦 | 封面设计　李小璐 | 版式设计　于　婕 |
| --- | --- | --- | --- |
| 插图绘制　于　博 | 责任校对　高　歌 | 责任印制　韩　刚 | |

| | | | |
| --- | --- | --- | --- |
| 出版发行 | 高等教育出版社 | 网　址 | http://www.hep.edu.cn |
| 社　址 | 北京市西城区德外大街 4 号 | | http://www.hep.com.cn |
| 邮政编码 | 100120 | 网上订购 | http://www.hepmall.com.cn |
| 印　刷 | 运河（唐山）印务有限公司 | | http://www.hepmall.com |
| 开　本 | 889mm×1194mm　1/16 | | http://www.hepmall.cn |
| 印　张 | 10.25 | 版　次 | 2009 年 7 月第 1 版 |
| 字　数 | 200 千字 | | 2021 年 7 月第 3 版 |
| 购书热线 | 010-58581118 | 印　次 | 2023 年 2 月第 5 次印刷 |
| 咨询电话 | 400-810-0598 | 定　价 | 27.80 元 |

本书如有缺页、倒页、脱页等质量问题，请到所购图书销售部门联系调换

版权所有　侵权必究

物 料 号　56235-00

# 第三版前言

　　本书是中等职业学校旅游类专业的核心课程教材。为了贯彻落实《国家职业教育改革实施方案》立德树人的根本任务，深化"教师、教材、教法"改革，反映当前饭店行业的最新发展动态，我们在搜集大量资料，广泛征求意见的前提下，在第二版的基础上做了如下四个方面的修订。

　　(1) **教材内容更与时俱进**。本书自 2014 年 6 月第二次修订至今，部分数据和信息已有一定滞后性，为紧跟行业和时代发展，我们对这部分教材内容和数据进行了更新。如新增了民宿、线上预订、移动支付、公勺公筷等相关内容，对滞后数据、行业信息、案例素材进行了替换更新，使教材内容更与时俱进。

　　(2) **抽象文字呈现更直观**。为使本书抽象内容更直观，更具"可看性"，此次修订在原有文字和图片材料的基础上，增加了二维码视频资源，线上线下结合。学生可通过手机或移动设备扫描对应二维码进行观看，使抽象文字"可视化"。

　　(3) **专业知识表述更精准**。本次修订对教材内容进行了逐字精读，对于教材中个别不恰当的表述和知识内容进行了修改，使教材文字表述更精准。

　　(4) **内容栏目设置更适用**。此次修订紧密结合中职学生的心理特征和认知规律，以"够用""实用"为原则，减少了部分理论阐述的篇幅，删除了烹饪菜肴常见十种方法和每个项目后的"阅读频道"栏目。紧紧围绕课程的整体架构，不泛泛而谈，使教材内容和栏目更适用。

　　本书主要面向旅游类中职学生或旅游业相关从业者。由于各地区旅游教育发展水平和教学实习环境存在差异，在本课程的教学中可根据实际情况有选择地进行学习。本书建议教学学时为 72 学时，具体学时安排建议如下：

| 教学内容 | 建议学时 |
|---|---|
| 项目一　初探饭店 | 12 |
| 项目二　观前厅 | 12 |
| 项目三　住客房 | 12 |
| 项目四　品餐饮 | 14 |
| 项目五　享康乐 | 10 |
| 项目六　深探饭店 | 12 |
| 总计 | 72 |

　　本书由张建国任主编,滕玮峰、毛金春任执行主编。本次修订由奉化区工贸旅游学校毛金春老师负责,宁波东钱湖旅游学校袁红燕老师参与了修订编写工作。教材修订反映了当代社会进步、科技发展、学科发展前沿和行业企业的新技术、新工艺和新规范,吸收了优秀的行业企业技术人才参与修订,很好地体现了产教融合,校企合作。本书在修订过程中查阅了大量国内外有关数据和资料,得到了宁波华侨豪生大酒店等单位的大力支持,在此表示感谢。

　　由于编者水平有限,时间仓促,对书稿中的不足之处,敬请专家与读者批评指正。读者意见反馈邮箱:zz_dzyj@pub.hep.cn。

编者

2021 年 4 月

# 第一版前言

　　本书是中等职业教育旅游服务与管理专业的核心课程教材之一。本书编写突出以职业需求为依据、以能力为本位、以工作过程为导向的教改理念，致力于满足学生职业生涯发展的需要。在编写过程中力求体现以下特点：

　　(1) **行业性与时代性**。教材内容吸收了现代饭店业实践和研究的最新成果，紧跟行业发展的趋势。"行业来风""阅读频道"栏目的设计，给学生提供了解行业前沿信息的窗口，做到更好地与行业接轨、与市场接轨。

　　(2) **活动性与学习性**。教学过程的安排注重"教"与"学"的互动。根据学生的认知特点，通过活动项目和情境的创设，理论联系实际。在每部分学习内容的开始设计了"活动导入"，学习内容之后设计了"拓展课业"，使学生在"活动中学"、在"做中学"，培养学生的综合职业能力。

　　(3) **整合性与趣味性**。本书对饭店服务与管理的多门课程进行整合，以"实用、够用"为原则，设计了学生职业岗位所需的专业内容。教材体例新颖，图文并茂，编排中穿插了"评一评""议一议""认一认""做一做"等栏目，以激发学生的学习兴趣，提高学生的思考能力和学习能力。

　　本书建议教学学时为72学时，具体学时分配如下（见下页）。

　　本书由滕玮峰任主编，张建国和陈春燕任副主编。具体撰写分工如下：项目一由陈春燕编写，项目三、项目五由邵吉编写，项目四由楼小青编写，项目二由滕玮峰、楼小青编写，项目六由许静编写。杭州大华饭店王剑蓉负责把握教材内容与行业的对接。滕玮峰负责教材的统稿与修改。

| 教学内容 | 建议学时 |
|---|---|
| 项目一　初探饭店 | 12 |
| 项目二　观前厅 | 12 |
| 项目三　住客房 | 12 |
| 项目四　品餐饮 | 16 |
| 项目五　享康乐 | 8 |
| 项目六　深探饭店 | 12 |
| 总计 | 72 |

由于编者的水平和时间有限,书中难免存在不足之处,敬请广大专家和读者批评指正。

编者

2009 年 4 月

# 目录 >>>>>

**项目一  初探饭店  01**

任务一  追踪饭店业的成长  01

任务二  通览饭店的构成  08

任务三  具备"饭店人"的素养  12


**项目二  观前厅  24**

任务一  认识饭店的"神经中枢"  24

任务二  营造典雅的大堂氛围  27

任务三  提供高效的前厅服务  33


**项目三  住客房  51**

任务一  认识饭店的"管家"  52

任务二  布置舒适的客房空间  55

任务三  进行细致的清洁保养  61

任务四  提供温馨的客房对客服务  69


**项目四  品餐饮  77**

任务一  认识饭店的"美食工厂"  77

任务二  营造怡人的进餐氛围  82

任务三  知晓丰富的餐饮知识  86

任务四  提供周到的餐饮服务  95


**项目五  享康乐  111**

任务一  了解康体休闲项目  112

任务二  了解保健休闲项目  119

任务三  了解娱乐休闲项目  123


**项目六  深探饭店  129**

任务一  控制服务质量  129

任务二  处理客人投诉  136

任务三  应对安全事件  140


**主要参考书目  153**

# 项目一 >>>

# 初探饭店

我们是表演艺术家。饭店是舞台,服务是节目。

在我国,通常将饭店业、旅行社业、交通运输业称为旅游业的"三大支柱"。虽然饭店有不同的称谓,如酒店、宾馆、度假村、山庄,但它们都具有基本的餐饮、住宿等功能。饭店犹如一个舞台,每个部门的每位员工和管理者都是重要角色,大家互相配合,齐心协力为客人呈现优质服务的"节目"。

 学习目标

1.知晓饭店业的发展史,了解饭店、饭店集团的含义。

2.知晓饭店的类型、等级划分和饭店内部组织机构。

3.知晓饭店服务的内涵,了解饭店对员工和基层管理人员的素质要求。

## 任务一 追踪饭店业的成长

 活动导入

活动主题:走近饭店

活动步骤:1.通过多种途径了解饭店,如浏览网站、搜集图片、观看视频。

2.相互交流并讨论,初步认识中外著名饭店。

学习导读

　　饭店一词起源于法国,原指接待贵宾的乡间别墅。现代意义上的饭店指具有客房、餐饮、会议、康乐等设施,能够接待观光、商务、度假以及会议等客人,以营利为目的的经济组织。饭店的发展水平标志着旅游业和社会经济文化的发展程度。中外饭店从产生到成熟,经历了不同的发展时期。

学习内容

### 一、世界饭店业的发展史

　　从世界范围看,饭店最早出现于古罗马时期,至今已经历四个时期,即客栈时期、大饭店时期、商业饭店时期和现代新型饭店时期。不同时期的饭店,反映了当时人类社会的生活特征。

#### (一) 客栈时期(12 世纪至 18 世纪)

　　古代客栈,起源于古罗马时期,是专门为宗教徒、客商和旅行者提供食宿的场所。由于当时的交通方式主要是步行、骑马或坐驿车,因此,客栈大多设在道路旁边或是驿站附近。最早的客栈普遍规模较小、设施简陋,仅提供基本食宿,服务项目单一,被认为是糊口谋生的低级行业。

　　到了中世纪初期,旅游活动起步。这个时期英国是欧洲的典型代表,早期的英国客栈是人们聚会、交流和歇息的地方。随着商业的发展,客栈主要以接待经商者为主。到 15 世纪,客栈业得到发展,有些客栈已开辟休闲的花园草坪,提供客人招待朋友的宴会厅、舞厅等,开始向多功能发展。据有关资料记载,1577 年英格兰和威尔士就有 1 600 多家这样的客栈。

#### (二) 大饭店时期(18 世纪至 19 世纪)

　　18 世纪后期,随着资本主义产业革命的发展,推动了贸易与旅游业的发展,进而催生饭店业的兴起。

　　1794 年在美国纽约建成的都市饭店,开设 72 套客房,其建筑风格就像一座宏伟的大宫殿,成为当时美国服务行业的标志性设施。1829 年在波士顿建成的特里蒙特饭店被称为该时期的第一家现代化饭店,该饭店设有 170 套客房,其餐厅设有 200 个座位,供应法式菜肴。客房设置较为齐全,饭店服务人员经过专门的培训,让客人有较强的安全感。该饭店为新兴的饭店业确立了标准,被称为美国饭店业发展的第一个里程碑。1898 年 6 月,恺撒·里兹(César Ritz)在法国巴黎创建了里兹饭店(Ritz Hotel),在世界上率先实现了“一个房间,一个浴室”,将饭店的发展推向该时期的顶峰,践行了“尽可能使客人满意”的服务理念。

　　大饭店时期的饭店具有规模大、设施豪华、服务正规、注重接待仪式、讲究礼貌礼仪等特点,但其客源对象大多为王侯贵族、达官富豪。

**资料链接**

🔔 **里兹饭店**

　　里兹饭店位于巴黎旺多姆广场北侧,是一座5层高的巴洛克宫廷式建筑,共有106间标准间和56间豪华套房。它的外观看上去十分内敛:门面只有三四米宽,门口也没有醒目的招牌。虽然外观并不起眼,但是一踏进饭店大门(图1-1),精致高贵的气息便扑面而来。从走廊到客房,一律是仿凡尔赛宫的装饰,客房墙上挂着欧洲18世纪著名画家的真迹。如果把里兹饭店所有客房的画作集中起来,差不多相当于一个中型艺术博物馆的收藏量。更奢侈的是,其每间客房都根据客人的喜好专门配制不同的香水。

▲ 图1-1　里兹饭店

### (三) 商业饭店时期(20世纪初至第二次世界大战时期)

　　1908年,被称为"现代饭店之父"的美国人斯塔特勒(Ellsworth Milton Statler)在布法罗城建造的斯塔特勒饭店开业。该饭店以低廉的价格(带浴室的客房每天仅需1.5美元)为普通客人提供舒适的环境和优质的服务,300个房间内均提供浴室、洗衣机、自动冰水供应机、消毒马桶等服务设备和项目,在当时前所未有。更值得一提的是,凡是以他名字命名的饭店,都按照统一的质量标准进行管理,带动了世界饭店业的大发展。斯塔特勒提出的"客人永远是对的"这一至理名言至今仍为各国饭店从业人员所推崇。

　　20世纪20年代以来,在城市大饭店迅速发展的同时,在乡镇和交通要道旁小规模的汽车饭店、铁路饭店等专业饭店也悄然兴起。但到了30年代,由于世界性的经济危机,世界饭店业陷入了困境。

　　商业饭店时期,交通工具的广泛运用给饭店业的发展提供了契机。许多饭店设在城市中心,主要以接待商务客人为主,饭店舒适、方便、清洁、安全。饭店管理者在经营过程中运用科学的管理方法,当时的服务虽比较简单,但已开始追求标准化、规范化服务。

### (四) 现代新型饭店时期(第二次世界大战以后至今)

　　第二次世界大战结束后,世界经济逐渐复苏并走向繁荣,一度处于困境的饭店业又开始复苏。面对旅游业和商业发展的新趋势,传统饭店越来越显示出其弊端,于是涌现出许多新型饭店。这些新型饭店大多设在市中心和旅游胜地,并且规模不断扩大,服务更趋综合性、多样化。

现代新型饭店主要接待大众宾客,呈现出三个显著特征:一是饭店不仅追求全方位服务,还提供多种个性化服务;二是饭店朝着高档次、高质量的方向发展;三是以管理公司为纽带,以饭店集团为核心发展跨国连锁饭店群体,不断创新饭店经营模式。

 你认识哪些知名的饭店或饭店集团? 它们的标志是什么样的?

### 二、中国饭店业的发展史

#### (一)中国古代饭店业

中国古代饭店可以追溯到远古或春秋战国时期,其形式多样,按所有制结构不同,主要分为两种形式:一是官方开办的驿站和迎宾馆,二是民间私营的旅店。古代饭店业以"便于宾客投宿"为建馆思想,注重宣传,以"宾至如归"为服务宗旨,具有民族特色。

1.驿站

驿站是中国最古老的一种官方住宿设施。它始于商代中期,止于清光绪二十二年,历时三千多年,主要是为朝廷信使和各地公差提供食宿服务及车、马等交通工具。驿站在不同时期、不同地方,有不同名称,如驿舍、驿楼、邮亭、邮铺。我国现存的一座较完整的驿城是位于河北省的鸡鸣驿,始建于元代,1219年成吉思汗率兵西征,在通往西域的大道上开辟驿路,设置"站赤",即驿站。鸡鸣驿现已被列为全国重点文物保护单位。驿站的接待对象和服务功能随着历史发展而变化,其初创时期主要接待传递军事情报和朝廷政令的信使;秦汉之后,接待对象扩大到过往官吏及文人雅士;元、明、清时代,接待对象进一步扩大到过往商客和旅行者,开始步入商业化时代。

2.迎宾馆

迎宾馆是中国古代官方开办的另一类食宿设施。它主要是为各国使者提供食宿服务及交通工具。在春秋战国时期接待各国使者的馆舍称为"诸侯馆"和"使舍",西汉时期称"蛮夷邸",南北朝时期称"四夷馆",唐宋时期称"四方馆",元明时期称"会同馆",至清朝才正式称为"迎宾馆"。

3.民间旅店

中国古代民间旅店历史悠久,始于春秋战国前,早于官办的驿站和迎宾馆。民间旅店点多、面广、规模小、设备简陋、卫生条件差,以提供餐饮为主,客房较少,主要分布在城郊和乡镇,以接待周边客商和偶尔到店用餐的客人。

#### (二)中国近代饭店业

中国近代饭店主要有两种形式:西式饭店和中西式饭店。饭店主要以接待外国人、政府官员和商人为主。

1.西式饭店

西式饭店是19世纪初外国资本侵入中国后兴建和经营的饭店的统称。第一次鸦片战争后,西方列强入侵中国,在租界地等势力范围内兴建了许多西式饭店。据统计,在1840—1940年,我国23个城市就有80多家西式饭店,如广州维多利亚饭店、济南斯坦饭店。西式饭店是中国近代饭店业中的外来兵,与中国当时的传统饭店相比,这些饭店规模宏大、装饰华丽,设备趋向豪华和舒适,饭店内部有客房、餐厅、酒吧、舞厅、球房、理发室、电梯等设施,其提供的饮食均是西餐。西式饭店主要接待来华外国人,经理人员大多来自英、美、法、德等国。

2.中西式饭店

西式饭店的大量出现,刺激了中国民族资本向饭店业投资。从民国时期开始,各地相继出现了一大批具有"半中半西"风格的中西式饭店,如北京的西山饭店、天津的国民饭店、上海的百乐门饭店。20世纪30年代,中西式饭店发展到鼎盛时期。这类饭店不仅在建筑风格上比较趋向西方化,而且在设备设施、服务项目、经营体制和经营方式上也受到西方饭店的影响,饭店内高级套间、卫生间、电灯、电话等现代设备,以及餐厅、舞厅、高档菜肴等应有尽有,饭店同时供应中餐和西餐。中西式饭店经营者和股东,多是银行、铁路、旅馆等企业的联营者。

(三)中国现代饭店业

中国现代饭店业的发展历史不长,1900年,北京饭店(图1-2)和天津利顺德饭店(图1-3)成立,开创了中国现代饭店的先河。改革开放以来,饭店无论是行业规模、设施质量、经营观念还是管理水平,都取得了较大提升。

▲ 图1-2 北京饭店

▲ 图1-3 天津利顺德饭店

1.招待所阶段

中华人民共和国成立初期,为了接待国际友人、苏联和其他一些东欧国家的援建专家及各国华侨、港澳同胞,在我国各地兴建了一批设施设备相对较好的高级招待所。总体而言,这些招待所以完成外事或政治接待任务为主,不讲究经济效益,实行传统的经验管理,服务欠规范。

2.旅游涉外饭店阶段

1978年,改革开放政策使我国旅游业向国际敞开了大门。为适应这种形势,原先的高级招待所在稍做整修后即承担了涉外接待任务,从而成为第一批以接待境外游客为主,区别于国内的现代化涉外饭店,其在习惯上被称为"旅游涉外饭店"。直至2003年,才正式取消"旅游涉外饭店"的称谓,被"旅游饭店"所取代。

3.引进外资及外方管理阶段

20世纪80年代初期,随着我国经济持续大幅度增长,旅游业也走上了快车道,逐年上升的来华外国游客量,加大了对中国饭店业的需求。在这一阶段,我国的饭店业为求进一步发展,开始考虑引进外资。广州的东方宾馆(图1-4)率先引进外资进行改造扩建并获得成功。一批合资或合营的现代化旅游饭店相继开业,如广州的白天鹅宾馆、北京的建国饭店(图1-5)、长城喜来登饭店、南京的金陵饭店。这一时期,我国饭店也开始引进外国及中国港澳台地区的先进管理经验,其中较为典型的是长城喜来登饭店和建国饭店引进香港半岛集团的管理经验。1984年,国家旅游局(现为文化和旅游部)在全国推广建国饭店的经验,这对于推动我国饭店业的现代化发展起到了里程碑的作用。

▲ 图1-4　广州东方宾馆

▲ 图1-5　北京建国饭店

4.星级饭店阶段

饭店星级标准的制定和实施是中国饭店业发展史上的划时代事件。至1987年,我国的饭店业经过多年的持续发展,饭店数量已达到1 823家,共拥有客房18.5万间。为促进发展、规范管理,原国家旅游局于1987年制定了饭店星级标准,并于1988年开始施行,由此中国饭店行业走上了新的发展轨道。1993年饭店星级标准调整为国家标准,即饭店按照星级从高到低分为五星级、四星级、三星级、二星级和一星级。国家标准用现代化的、标准化的语言和体系对原有的标准做了规范和调整,为饭店行业的发展提供了具有操作性的指导,在实践中发挥了重要作用。1998—2002 年,是星级饭店的大发展阶段。2010 年,国家质检总局(现为国家市场监督管理总局)、国家标准化管理委员会批准发布了新的《旅游饭店星级的划分与评定》,并于 2011 年 1 月 1 日实施,替代了 2003 年版的《旅游饭店星级的划分与评定》标准。新标准明确了饭店星级的等级,增加了"白金五星级",删除了"准 × 星""超 × 星"或"相当于 × 星"这种标准,并按照标准明确了"白金五星级"才是星级饭店的"旗舰"。

5. 民宿阶段

近年来,在各地推进乡村振兴工作实践中,旅游业发挥了较大作用,乡村旅游民宿表现尤为突出。如今,各地大力发展民宿产业,把旅游民宿作为乡村各类资源动起来、活起来,带动兴村富民、促进乡村文化嬗变、助推乡村振兴的重要抓手,旅游民宿成为旅游住宿业的重要组成部分。我国文化和旅游部 2019 年发布的《旅游民宿基本要求与评价》(LB/T 065—2019)中将旅游民宿定义为:利用当地民居等相关闲置资源,经营用客房不超过 4 层、建筑面积不超过 800 平方米,主人参与接待,为游客提供体验当地自然、文化与生产生活方式的小型住宿设施。我国民宿业最早起步于 20 世纪 80 年代的台湾地区,后逐渐发展到大陆地区。截至 2020 年底,浙江省民宿评定管理委员会共评定 4 批 50 家白金级民宿、111 家金宿级民宿、323 家银宿级民宿。2021 年,文化和旅游部发布《旅游民宿基本要求与评价》(LB/T 065—2019)第 1 号修改单,将旅游民宿等级由三星级、四星级、五星级更改为丙级、乙级和甲级,旨在更好地突出民宿特色。等级越高表示接待设施与服务品质越高。

## 三、饭店集团

饭店集团指以经营饭店为主的联合经营的经济实体,它在本国或世界各地以直接或间接形式控制多个饭店,以相同的店名和店标,统一的经营程序,同样的服务标准和管理风格与水准进行联合经营。

饭店集团主要采取三种联合形式:一是饭店之间的横向联合,二是饭店与供应商和销售商之间的纵向联合,三是饭店与各行业的多种经营联合。饭店集团运用四种经营方式,即连锁经营、特许经营、管理合同和战略联盟。

饭店集团的竞争优势:一是有利于吸引宾客,扩大营业额;二是有利于提高饭店管理水平,提高服务质量和经济效益;三是有利于市场推广,降低成本;四是有利于提高饭店员工服务水平。此外,不少机构也对世界饭店集团进行实力评估并进行排名。表 1-1 是 2020 年全球十大饭店集团(以客房数量为依据)。随着中国经济和旅游业的快速发展,中国饭店集团实力越来越强,目前已有 3 家中国饭店集团位居世界前十,在中国有效防控疫情的当下,中国品牌正在逆袭成长。

表1-1　2020年全球十大饭店集团（以客房数量为依据）

| 排名 | 饭店集团名称 | 饭店数量（座） | 客房数量（间） | 主要品牌 |
|---|---|---|---|---|
| 1 | 美国万豪国际集团 | 7 163 | 1 348 532 | 万豪、万丽、万怡、JW万豪、丽思·卡尔顿、万豪行政公寓 |
| 2 | 中国上海锦江国际酒店集团 | 10 020 | 1 081 230 | 锦江、锦江之星 |
| 3 | 印度OYO酒店 | 45 600 | 1 054 000 | OYO |
| 4 | 美国希尔顿全球酒店集团 | 6 110 | 971 780 | 希尔顿、斯堪的克、康拉德（港丽） |
| 5 | 英国洲际酒店集团 | 5 903 | 883 563 | 洲际、皇冠假日、假日、智选假日、英迪格 |
| 6 | 美国温德姆酒店集团 | 9 280 | 831 025 | 华美达、戴斯、速8 |
| 7 | 法国雅高集团 | 5 036 | 739 537 | 索菲特、宜必思、美居、诺富特、老沃特尔 |
| 8 | 美国精选国际酒店集团 | 7 153 | 590 897 | 凯瑞华晟、凯富、品质 |
| 9 | 中国华住酒店管理有限公司 | 5 618 | 536 876 | 禧玥、花间堂、全季、汉庭 |
| 10 | 中国北京首旅酒店集团 | 4 450 | 414 952 | 首旅建国、首旅南苑、如家、莫泰 |

资料来源：2020年酒店业权威杂志美国《HOTELS》

饭店集团的发展易造成饭店行业内部、饭店之间市场竞争的白热化。饭店在确定营销组合时，首先要决定用何种产品来满足市场需求。饭店产品指在饭店这一建筑中出售的，能够满足客人需要的有形设施和无形服务的综合。

## 任务二　通览饭店的构成

 活动导入

活动主题：参观饭店

活动步骤：1.参观当地一家高星级饭店的前台部门。

2.了解饭店的类型、客房数和职能部门。

3.获取饭店宣传册等资料，相互交流。

### 学习导读

饭店业是由各种不同类型的饭店组成的，饭店的类型因分类方法而异。每家饭店都有相应的组织机构。每一位饭店员工，都应该熟悉饭店"大家庭"的成员及其关系，明确自己在"大家庭"中的位置。饭店的优质服务来自整个团队的相互合作。

 **学习内容**

## 一、饭店的类型

### （一）按照饭店市场及客人特点分类

1. 商务型饭店

商务型饭店也称暂住型饭店，一般位于城市的中心地区，主要接待商务客人、旅游客人及因各种原因作短暂逗留的其他客人。因其适应性广，商务型饭店在饭店业中占有较大比例。商务型饭店不仅讲究外观，也注重内部设施的豪华，以单间、套间为主，配有信息网络及相关商务服务设施，如宁波华侨豪生大酒店（图1-6）。

2. 度假型饭店

度假型饭店大多位于海滨、山区、森林、温泉、海岛等景色优美、可供游览的地方，以接待游乐、休闲、度假的客人为主。这类饭店除食宿设施外，还提供丰富的娱乐和体育服务项目，视情况配有赛车场、射击场、滑雪场、保龄球房、桌球房、壁球房、网球场、高尔夫球场、健身中心、游泳池、棋牌室、儿童乐园等娱乐场地。度假型饭店的经营受季节影响较大。三亚银泰阳光度假酒店、澳门威尼斯人度假村酒店、香港黄金海岸酒店、舟山凤凰岛雷迪森假日酒店（图1-7）等，都是亚洲著名的度假型饭店。

▲ 图1-6　宁波华侨豪生大酒店

▲ 图1-7　舟山凤凰岛雷迪森假日酒店

3. 会议型饭店

会议型饭店一般位于城市的政治、经济、文化中心，或在交通便捷的旅游胜地，主要接待各种会议团体。会议型饭店除为客人提供相应的食宿设施外，还对会议设施要求较高。饭店必须设置数量足够的多种规格的会议厅或大的多功能厅，具备各种规格的会议设备，如投影仪、扩音设备，摄、放像设备，通信、视听设备，同声传译设备等，同时须提供高效率的接待服务。

4. 公寓饭店

公寓饭店也称长住型饭店，主要接待住宿时间较长、在当地短期工作或度假的客人或家庭,饭店的组织、设施、管理较为简单,服务亲切、周到、针对性强,饭店与客人之间签订租约。

这类饭店的建筑布局多采用家庭型,以套房为主,配备客人长住所必需的家具和电器设备,通常提供客人自理饮食的厨房设施,如海中洲酒店公寓(图1-8)。

▲ 图1-8　海中洲酒店公寓

**5.汽车饭店**

汽车饭店大多位于欧美国家的公路干线上,以接待自驾旅游者为主。汽车饭店的规模较小,一般在100个房间以下,设施、设备较为简单,价格低廉,提供泊车、洗车等免费服务。汽车旅馆最早起源于美国,当时指没有房间的旅馆,可以停车,而人就在汽车内睡,只不过比停在外面多了层保护而已,后来逐渐发展为人车分离。这种自助式的廉价汽车旅馆一问世就受到了自驾旅游者的热烈欢迎,特别是法国雅高集团的"一级方程式"(Formula1)汽车旅馆,自1985年开张后,至2000年已在全球开设了1 000家分店。美国假日旅馆、速8汽车旅馆都是知名品牌的汽车旅馆。在我国,随着经济快速发展,全国高速公路网的大幅覆盖,越来越多的人选择自驾游,这类消费群体对住宿、饮食的起码要求是安全、卫生,因此汽车旅馆定位一般都相当于二、三星级饭店。

**6.青年旅社**

青年旅社主要接待背包旅游、徒步旅行、骑自行车或从事野外探险的青年游客。1998年中国首批青年旅社在广东创办,目前青年旅社的发展已形成网络。各青年旅社的风格和便利设施多样化,一般一个房间提供2~6个床位,其价格普遍比较便宜,常被称为"驴友"酒店。清远的广东国际体育青年旅馆(图1-9)是中国首家主题式青年旅社。

▲ 图1-9　清远广东国际体育青年旅馆

国际青年旅社实行会员制,会员不分年龄,无论在哪里申请,其会员资格在世界任何一家国际青年旅社都是有效的。申请的主要方式是去各地的青年旅社协会报名,或进行网上申请。

**(二) 按照饭店规模分类**

饭店规模一般按饭店所拥有的客房和床位数量的多少,划分为大、中、小型三种。国际上通用的规模划分标准是:客房数300间以下的饭店为小型饭店;300~600间的饭店为中型饭店;600间以上的饭店为大型饭店。但我们国家一般规定:大型饭店拥有500间以上的客房;中型饭店拥有200~500间客房;小型饭店拥有200间以下的客房。

**资料链接**

🔔 **上海佘山世茂洲际酒店**

　　上海佘山世茂洲际酒店(又名世茂深坑洲际酒店)位于上海市松江佘山脚下的天马山深坑内,海拔 −88 米,是在采石坑内建成的自然生态酒店。酒店总建筑面积为 61 087 平方米,酒店建筑格局为地上 2 层、地平面下 15 层(其中水面以下两层),共拥有 336 间客房和套房。

　　酒店遵循自然环境,一反向天空发展的传统建筑理念,下探地表 88 米开拓建筑空间,依附深坑崖壁而建,是世界上首个建造在废石坑内的五星级自然生态酒店,被美国国家地理誉为"世界建筑奇迹"。

## 二、饭店的等级

　　饭店等级指饭店在豪华程度、设施设备、服务范围、服务质量等方面所反映出来的级别与水准。不同的国家和地区采取不同的方式对饭店进行等级评定。

### (一)星级表示法

　　级别用★号的数量和成色表示。如法国使用 1~5 星级,摩纳哥为四星豪华、四星 C、三星、二星、一星等。我国也采用星级制,分为:白金五星级、五星级、四星级、三星级、二星级、一星级。星级越高,表示饭店的档次越高。中国首批挂牌的白金五星级饭店有上海波特曼丽嘉酒店、北京中国大饭店、广州花园酒店三家。

### (二)字母表示法

　　许多国家将饭店的等级用英文字母表示,即 A、B、C、D、E 五级。A 为最高级,E 为最低级。有的国家虽然也采用五级,却用 A、B、C、D 四个字母表示,最高级用 A1 或特别豪华级来表示。

### (三)数字表示法

　　用数字表示饭店的等级,通常最高级为豪华级,继豪华之后由高到低依次为 1、2、3、4 级,数值越大,档次越低。

## 三、饭店部门"大家庭"

　　饭店组织机构没有统一的模式,因饭店规模、星级、服务内容、服务方式、管理模式等方面不一样而有所不同。一般来说,饭店的部门可分为两大类,即前台线和后台线(图1-10)。前台线部门主要包括前厅部、客房部、餐饮部、康乐部和销售部等,这些部门的工作直接面对客人,通过服务直接为饭店创造经济效益,被称为饭店的"营收中心"。后台线部门主要包括行政办公室、人力资源部、财务部、工程部和安全部等,这些部门的工作通常不直接面对客人,也不直接创收,但却为前台线部门的工作提供必不可少的支援和辅助,是整个饭店对客服务运转的"支援中心"。

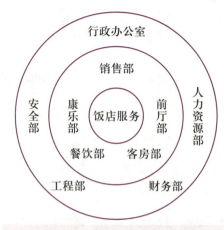

▲ 图1-10　饭店部门构成示意图

　　饭店犹如一个和谐的"大家庭"。前台线、后台线的各部门均是家庭的重要成员,而大家共同的核心则是"饭店服务"。从市场营销角度看,饭店以客人为中心,组织生产和服务的出发点是客人的需求。饭店"大家庭"应本着"从客人中来、到客人中去"的原则以及"提供令客人满意的产品和服务,而后企业获利"的市场营销理念,协同合作,尽心尽力为客人创造价值、为企业创造利益。

饭店中各个部门的主要工作是什么?

## 任务三　具备"饭店人"的素养

活动主题:饭店需要什么样的员工

活动步骤:1.思考问题:假如你是饭店人力资源部总监,你希望饭店员工具备怎样的素质和能力?

2.小组以"头脑风暴"的方式讨论问题。

3.每组学生把答案写在纸上,并派代表将答题纸贴到黑板上。

4.相互交流。

**学习导读**

　　随着消费心理的日趋成熟,饭店客人不仅关心消费是否物有所值,还注重是否物超所值。客人的高期望,对饭店服务品质提出了高要求。饭店的优质服务依赖于优质的硬件与软件。饭店员工及管理人员应潜心学习,力求成为具备相应素质和能力的优秀的"饭店人"。

 **学习内容**

## 一、开启服务的大门

饭店服务指饭店借助有形设施,为满足客人的住宿、餐饮、康乐、购物等需要而进行的一系列有益的服务行为。

在饭店行业,"服务"通常用英语 service(服务)这一单词的每个字母所代表的含义来解释。

S—sincere and smile(真诚与微笑)。即要求饭店服务人员真诚待客,微笑服务。微笑是服务态度最基础的体现,笑容是服务人员的一项基本功,只有对工作、对客人怀有诚挚的感情,才会发出真心的微笑,才会让客人体会到"宾至如归"。

E—eye(眼光)。即要求饭店服务人员始终用热情好客的眼光关注客人,预测客人的需求,并及时提供服务,使客人时刻感受到服务人员对自己的关心。

R—ready(准备好)。即要求饭店服务人员随时、随地准备好为客人提供优质服务,包括心理准备、物质准备等,并在对客服务过程中能集中精力,提高服务效率,让客人有受尊重感。

V—viewing(看待)。即要求饭店服务人员把每一位客人都看作是需要给予特殊照顾的贵宾,每位服务人员都应充分认识到客人对饭店的重要意义,做到对待客人一视同仁,不卑不亢。同时,"V"还可理解为 visible,即做好可见服务,把自己的工作置于客人的监督之下。

I—inviting(邀请)。即要求饭店服务人员在每次服务结束时,都要邀请客人再次光临。这不仅是礼貌服务的体现,更是对客人的欢迎和尊重。同时,"I"还可以理解为 informative,即树立全员销售意识,服务人员在为客人提供服务的同时,还应向客人销售或推荐饭店内其他产品。

C—creation(创造)。即要求饭店服务人员精心创造出热情服务的氛围,讲究仪容仪表,待人接物讲礼貌(courteous)。良好的服务氛围不仅可以让每位客人身心愉悦,还可以刺激其消费欲望,从而提高饭店经济效益。

E—excellent(出色)。即要求饭店服务人员出色地完成每一项工作,注重细节,让客人完全满意。"100-1=0",饭店只要有一个细节或环节出现差错,就会导致客人的不满意。因此,饭店的每位员工必须立足本职工作,追求完美,力求出色。

优质服务是在理解客人、满足客人不同需求的基础上,超越客人期望,让客人满意、感动、惊喜的服务。

## 二、成为优秀的服务人员

提供优质服务的主体是优秀的服务人员。要成为一名优秀的饭店服务人员,必须具备良好的专业素质,具体表现在有良好的职业意识、正确的职业心态、良好的职业习惯和娴熟的职业技能等方面。

### (一) 职业意识

所谓职业意识也叫主人翁精神,是作为职业人所必备的意识。作为饭店的优秀员工,必须具有以下职业意识。

#### 1.宾客至上意识

"宾客至上"是饭店的经营宗旨,也是服务人员的行为准则。作为饭店服务人员,首先要树立宾客至上意识,无论身处顺境还是逆境,情绪平稳还是波动,服务人员都应一如既往地为每位客人提供优质服务。树立宾客至上意识关键要"读懂"客人,要从客人的角度思考问题,提供客人所需要的服务。

#### 2.优质服务意识

优质服务是饭店赢得客人的金钥匙。要获得可观的经济效益,饭店必须通过提供优质服务来赢得市场,提高客人的满意度,并建立起客人对饭店持久的忠诚。为客人提供优质服务,要充分理解客人的需求,理解客人的想法和心态,包容客人的误会与过错。

#### 3.团队合作意识

一个团队的战斗力,不仅取决于每个成员的能力,还取决于成员间的协作。饭店服务人员要有与人协同工作的能力。涓涓细流汇成大海。饭店的优质服务,需要各个部门的协调和配合,需要每位员工具有整体意识、规范意识、协作意识和家庭意识。

#### 4.创新变革意识

饭店变化日新月异,故步自封只能使饭店落伍。不破不立,饭店在激烈竞争背景下尤其需要个性化服务、创新服务。创新来自做别人未想到的事,做别人想做而未做的事,做别人不敢做的事,做别人不愿做的事,做别人不能做的事。

### 📑 案例选读

#### 📕 车窗的塑料布

初夏的一天晚上,饭店保安员小郑和往常一样在饭店周边巡视,突然发现一辆车的车窗还敞开着,小郑想一定是哪个客人粗心大意忘了关车窗。可是眼看要下雨了,如果不及时通知车主,车子肯定会受损。于是小郑迅速通知前厅部查询,前厅部查阅档案,发现这辆车并没有登记,联系交警部门查询车主也无果。这可怎么办呢?小郑急中生智,拿来塑料布把窗口一层一层封起来。午夜,一场倾盆大雨如期而至。第二天早上有位客人匆匆忙忙跑来开车,当看到被包裹得严严实实的车窗时又惊又喜,不断地对饭店的服务员们说:"太感谢你们了,昨天我忘关车窗了,幸好你们帮忙,不然这么大的雨车子肯定泡汤了。"

### (二)职业心态

心态指人们的思维方式与处事态度。饭店服务人员应具有以下积极的职业心态。

1.感恩的心态

感恩的心态就是心存感激,对生活充满爱和希望。服务人员在工作场合要保持感激的心态,时刻感受到服务的喜悦,通过勤奋的工作和无私的奉献自觉地为客人服务,把服务做到最好。

2.乐观的心态

积极乐观的心态是取得成功的最基本要素。服务人员在面对客人时,要保持积极乐观、向上的心态,热爱客人,遇到问题不躲避,勇敢面对;遇到利益冲突不斤斤计较,顾全大局。

3.宽容的心态

要包容他人、理解他人,站在客人的立场思考问题。客人有不同的爱好和需求,饭店服务人员要学会宽容,包容客人的不同喜好,接受他们的意见,并以此作为改进工作的动力。当然宽容不等于纵容,对客人原则性的错误不能包容,但要注意语言得体,处理得当。

4.进取的心态

刚刚步入饭店服务大门的员工,对自己的职业生涯应该有一个长远的规划,不断积极进取,实现自己的理想。"千里之行,始于足下",服务人员应该本着虚心学习的态度,从环境中找"老师",不断探索和追求,在事业上获得更大成功。

### 📖 案例选读

#### 📕 锦江酒店集团的职业心态

在锦江酒店集团的企业文化中,员工要求牢记以下理念:

1.在外国人面前我代表中国人,在中国人面前我代表上海人,在上海人面前我代表锦江人。

2.尊重自己的岗位,兢兢业业地工作。

3.只有真正认识到自身工作的价值,并从中得到乐趣的人,才会有浓厚的职业成就和强烈的敬业精神,才能形成做好工作的精神动力,对工作倾注满腔的热情。

4.做一份工作就要做好。

5.严格执行制度,用制度来规范和约束行为。

6.激发员工的主人翁责任感,自觉承担责任和义务。

7.服务没有分内和分外之分,只要能办到的,我们就应该尽力而为。

8.体贴入微的预料服务,因人而异的针对性服务。

在无数的小细节中,由于锦江人秉承优秀的服务理念,他们的一言一行最终赢得了众多客人的满意。

### 5.负责的心态

负责的心态就是要勇于承担责任。在服务过程中,难免会出现失误,给客人造成不便,不管客人是否谅解,服务人员都要采取负责的态度,及时道歉,设法弥补客人的损失,提高其对饭店的满意度。

 哪些语言能反映积极的心态?

### (三) 职业习惯

古希腊哲学家亚里士多德早在公元前 350 年便宣称:"正是一些长期的好习惯加上临时的行动才构成了美德。"要成为饭店优秀的服务人员,应培养良好的职业习惯。

1.讲究礼仪

饭店服务礼仪是服务人员在自己的工作岗位上应严格遵守的礼貌、文明的行为规范。具体来讲,讲究礼仪以服务人员的仪容、仪态、服饰、语言和岗位规范为主要内容,以微笑、亲切、热诚、迅速为主要原则。服务人员应主动提供微笑服务,热情友好地与客人沟通,快速有效地提供各项服务,及时满足客人的需要。

2.注意仪表

服务人员的仪容仪表是饭店服务质量的一项重要组成部分。因此,饭店服务人员必须具有良好的精神面貌。具体要求如图 1-11 所示。

3.乐于交往

饭店服务人员要形成主动与客人交往的职业习惯。首先是留意。优秀的服务人员能通过察言观色正确地判断客人的处境和心情。然后是应答。服务人员根据自己的判断主动地作出适当反应,而不是被动地等待客人提出请求服务的信号。

头发整齐清洁。男员工不留长发、不留胡须。女员工长发不能过肩，刘海不能过眉

男、女员工不戴耳环

姓名牌要戴在左胸之上

手保持清洁，不留长指甲，不染有色指甲油，不佩戴手镯，可佩戴手表和一枚婚戒

保持工服清洁、整齐；工服口袋内勿装与工作无关的物件

女员工着与肤色相近的袜子(穿裙服须着长筒袜)，无破损

男、女员工须着黑色皮(布)鞋，皮鞋保持光亮，不钉铁掌。男员工着黑色袜子

▲ 图1-11　饭店员工仪表示意图

**4.注重细节**

细节决定成败。一个真诚的微笑，一个善意的提醒，一个小小的举动，都能提高客人的满意度。古语说："勿以善小而不为，勿以恶小而为之。"作为饭店服务人员，要把"求真务实、注重细节"培养成一种职业习惯和素养，力求将工作中的每件小事做好、做细，精益求精地完成本职工作。

**5.追求完美**

优质服务的最高境界是追求完美。虽然世上不可能有完美的事，但可以有追求完美的行动和习惯。追求完美要求服务人员用心服务，必须时刻把客人放在心上，以不同的方式给予不同的客人合理的服务。服务人员要尽心服务，不管遇到任何困难，都要尽最大努力给客人一个圆满的答案。

**（四）职业技能**

**1.观察能力**

优质服务要靠细心地观察才能做到。观察不仅要用眼睛，还要用耳朵、鼻子；不仅要用感官，还要用心灵，用"心"去看、去听、去想、去感受。

**2.记忆能力**

作为饭店服务人员，必须有良好的记忆能力，要能记住客人的姓名、长相、喜好、习惯等，更好地满足客人求尊重的心理。

## 案例选读

### 令人惊喜的服务

企业家于先生到泰国出差,下榻东方饭店。这是他第二次入住该饭店。次日早上,于先生走出房门准备去餐厅,楼层服务员恭敬地问道:"于先生,您是要用早餐吗?"于先生很奇怪,反问:"你怎么知道我姓于?"服务员回答:"我们饭店规定,晚上要背熟所有客人的姓名。"于先生大吃一惊,尽管他频繁往返于世界各地,也入住过无数高级饭店,但这种情况还是第一次碰到。这所规模不大、设施设备也并非十分豪华的饭店,正是靠服务赢得了享誉世界的美名。

3. 应变能力

对饭店员工而言,灵活机智的应变能力,主要表现在特殊场面、突发事件的处理上。服务人员是第一线员工,也是第一个接触客人的人。当客人的服务需求发生变化时,服务人员应该在第一时间调整服务策略。

4. 语言能力

语言是人与人沟通的基本手段。服务人员要使用得体的服务语言。良好的服务语言具有以下特征:

(1) 明了性。即讲得清,道得明,不用听者重复反问。

(2) 主动性。即先开口,先询问,不可被动等待客人。

(3) 尊敬性。即用尊称,用敬语,不用贬称和鄙称。

(4) 局限性。即局限于服务工作范围,不可随意出界。

(5) 愉悦性。即用美词雅句,不讲粗话甚至脏话。

(6) 兑现性。即讲得出做得到,不能随意许愿承诺。

5. 操作技能

不懂业务就是外行,作为饭店服务人员必须具有娴熟的操作技能,熟知本岗位的操作规范。饭店内有不同的部门和岗位,忙碌时,需要各部门和各岗位间的相互支援。服务人员不应局限于本部门、本岗位所需的专业知识和能力,而应拓展至饭店服务与管理全方位的知识和能力,这也是团队工作的要求。

### 三、成为合格的管理人员

#### (一)"金字塔"形管理层次

在饭店中,由于管理者的责任和权限各不相同,因此饭店管理者也有不同的层次。一般饭店的管理层次呈"金字塔"形,如图 1-12 所示。

**1. 高层管理者**

高层管理者又称决策层,主要指饭店董事长、总经理、副总经理。他们对饭店管理的成败负有主要责任,对饭店的发展,总体规划,人力、财力、物力的统筹安排等拥有充分的权力。其主要工作是对饭店进行宏观决策,确定饭店的方针、政策和目标等,考虑饭店的全局问题和战略问题。

▲ 图 1-12　"金字塔"形管理层次示意图

**2. 中层管理者**

中层管理者又称管理层,主要指部门经理。他们根据高层管理者的计划,把具体工作任务分配给各个下属班组去完成,负责本部门的一切业务。

**3. 基层管理者**

基层管理者又称控制层,主要指主管、领班等。他们带领下属开展具体业务工作,按管理层的规定和要求完成工作任务,管理本区域的具体事务。

**(二) 基层管理者的素质要求**

**1. 具有较强的执行能力**

一位优秀的基层管理者,一定是位好的执行者,能准确地将上级的要求、任务不折不扣地落实到各项具体的工作当中。基层管理者应具有强烈的责任感和事业心,具有求真务实、雷厉风行的工作作风,具有说干就干、干就干好的工作态度。

**2. 具有一定的管理能力**

作为一名基层管理者,除了能够在服务环节上起到带头作用外,还要善于管理自己的团队,促进班组整体服务质量的提升。只有团队工作有优良的业绩,管理者的工作才体现出真正的效率。

**3. 具有丰富的实践经验**

基层管理者应该掌握班组岗位工作标准,熟悉服务环节和程序,了解部门运作过程,懂得服务技术,知晓服务规范和质量检查与控制程序,并了解各种设备的使用要求。另外,基层管理者应该拥有丰富的饭店一线工作经验。

**4. 具有良好的身体条件**

由于饭店是全天候 24 小时运转,且对服务质量有较高要求,这就对饭店工作人员包括基层管理人员提出了挑战。饭店工作时间长,项目烦琐,时常会遇到意想不到的困难,这就需要基层管理者具备良好的身体条件,精力充沛,有坚强的意志和吃苦耐劳的精神。

## 行业来风

### 1. 饭店盛行"绿色"风

绿色饭店指运用环保健康安全理念,坚持绿色管理,倡导绿色消费,保护生态和合理使用资源的饭店。其核心是为客人提供符合环保、健康要求的客房和餐饮。

绿色饭店具体标准包括节约用水、能源管理、环境保护、垃圾管理、绿色客房、绿色餐饮、绿色管理七个方面。目前,我国绿色饭店以银杏叶作为标志。根据饭店在安全、健康、保护环境等方面执行程度的不同,绿色饭店分为A级至AAAAA级。绿色饭店的评定采取企业自愿申请,由行业专家评定。评定为绿色饭店的企业实行强制管理制度并授予相应等级的绿色饭店标志牌,对餐饮准许使用"绿色美食"标志并颁发证书。

2019年第四届中国国际饭店业大会紧密围绕"节约、环保、放心、健康"八字核心理念,并号召实施以下倡议:

(1) 绿色饭店统一中国绿色饭店3.0标志。重点在前厅接待、绿色楼层、绿色客房、绿色餐厅等区域,强化绿色宣传、引导绿色消费并接受消费者监督,统一绿色饭店新时代形象。

(2) 绿色饭店全面推行"绿色管家"服务。基于绿色饭店国家标准,培养树立一批践行绿色理念、坚守职业道德、规范服务操作、善于对客提供暖心服务的优质绿色服务标杆。统一登记备案,佩戴绿色饭店管家标志,引领绿色饭店优质服务口碑。

(3) 适应消费细分市场新需求,全面倡导绿色消费。绿色饭店实现不主动提供六小件(牙刷、梳子、浴擦、剃须刀、指甲锉、鞋擦),减少一次性用品的使用。响应国家号召实施垃圾分类,从客房和厨房做起,从员工日常管理做起。

(4) 严格要求绿色饭店客房清扫流程规范。倡导客房清扫流程"先收、再整、后放",客用品统一清理消毒,抹布区分,不交叉污染,清扫过程实施监督,倡导清扫过程公开,接受公众监督。

(5) 坚持绿色可持续与盈利创收协调发展。进一步推进"中国绿色饭店领跑者指标、中国绿色饭店双二十行动,绿色3C品质客房计划,绿色客房布草净放芯项目,饭店业暖心服务十六条,餐饮业现场管理规范(六T)"等绿色赋能项目试点成果,将绿色盈利和服务口碑纳入绿色饭店申报、评审和复评的重要指标。

(6) 适应新时代发展,提升绿色饭店品牌形象。倡导中国绿色饭店"去塑"行动,减少废弃塑料瓶污染。适应5G发展需求参与实施绿色数字化中台战略,全面提升企业运营管理效率与智慧化水平。适应政务、公务差旅采购新需求,参与绿色公务接待服务标志的建设工作。与有关部委联合实施住宿业用水定额和峰谷电价联合采购,实现降本增效。

### 2. 走近未来"智慧酒店"

全自动音乐伴音的卫生洁具、化妆镜内嵌式电视机、电视门窥镜、最新型的多媒体连接器、双层电动窗帘和智能调光玻璃,拥有数字电视、点播、酒店服务、互联网信息查询、会议通告、行程安排等功能的互动电视信息服务系统平台等,这些科幻剧目中的设备场景在酒店行业中逐渐成为现实。

近几年,为增加酒店核心竞争力,提高酒店管理效率,提升酒店入住体验,国内外高端酒店将科技融入服务和管理之中,智慧酒店应运而生。智慧酒店指酒店拥有一套完善的智能化体系,通过数字化与网络化实现酒店数字信息化服务技术。智慧酒店集舒适、智能及人性化为一体,常见的智慧功能有智能门禁系统、智能电视系统、移动远程登记、智慧导航系统等,世界著名酒店如洲际酒店、香格里拉酒店及我国杭州黄龙饭店、桔子水晶酒店等酒店在智能化技术上做了不少工作,为智慧酒店的建设做出了示范。2018年阿里集团重金打造的"无人酒店"正式开业,酒店采用全流程无人化操作,从入住登记、入住体验到退房环节,都由机器人提供服务,实现机器人引路、刷脸开门等。

### 3.全国星级饭店情况统计(表1-2)

表1-2 全国星级饭店情况统计

| 饭店星级 | 数量(家) | | 客房出租率(%) | | 营业收入(亿元) | |
| --- | --- | --- | --- | --- | --- | --- |
| | 2019 年 | 2020 年 | 2019 年 | 2020 年 | 2019 年 | 2020 年 |
| 五星级 | 822 | 742 | 60.94 | 53.96 | 814.68 | 168.13 |
| 四星级 | 2 443 | 2 118 | 55.11 | 50.44 | 661.77 | 157.19 |
| 三星级 | 4 350 | 3 462 | 52.15 | 47.17 | 384.74 | 89.10 |
| 二星级 | 1 268 | 879 | 51.95 | 44.07 | 46.09 | 9.80 |
| 一星级 | 37 | 21 | 51.43 | 43.19 | 0.49 | 0.14 |
| 总计 | 8 920 | 7 222 | 55.18 | 49.81 | 1 907.77 | 424.36 |

资料来源:文化和旅游部官方网站

## 思考练习

### 一、填一填

| 世界饭店发展阶段 | 时间 | 主要客源 | 主要特点 |
| --- | --- | --- | --- |
| 客栈时期 | | | |
| 大饭店时期 | | | |
| 商业饭店时期 | | | |
| 现代新型饭店时期 | | | |

### 二、判一判

(　　　　)1.位于河北省的鸡鸣驿是我国现存较完整的一座驿城。

(　　　　)2.中国饭店业发展史上划时代的事件是饭店星级标准的制定和实施。

(　　　　)3.饭店的前厅部、餐饮部、客房部、财务部被称为饭店的"营收中心"。

### 三、答一答

1.按照饭店市场及客人特点,饭店可以分为哪几类?

2.如何理解英语单词"service"?

3.饭店基层管理者的素质要求有哪些?

## 拓展课业

## 活动一:走进饭店

**活动目的:**1.走进饭店,观察饭店布局和设施设备。

　　　　　2.了解饭店开业时间、地理位置、星级、客房数、饭店部门、服务项目、特色服务等信息。

**活动形式:**组成 3 ~ 5 人团队,进行饭店调查并相互交流。

**活动任务:**1.选择当地的一家星级饭店作为考查对象,了解基本概况。

　　　　　2.实地走进该家饭店,了解其地理位置、开业时间、客房数、饭店部门、服务项目等信息。

　　　　　3.填写"走进饭店"任务书。

　　　　　4.各组总结调查内容,形成调查报告或制作 Powerpoint 幻灯片,进行相互交流。

| 走进饭店 | |
|---|---|
| 项目小组: | 饭店: |
| 项目内容 | 评价 |
| 饭店开业时间、地理位置 | |
| 星级、客房数 | |
| 饭店部门 | |
| 服务项目 | |
| 特色服务 | |

**收获体会:** ＿＿＿＿＿＿＿＿＿＿＿＿＿＿＿＿＿＿＿＿＿＿＿＿＿＿＿＿

＿＿＿＿＿＿＿＿＿＿＿＿＿＿＿＿＿＿＿＿＿＿＿＿＿＿＿＿＿＿＿

**教师评价:** ＿＿＿＿＿＿＿＿＿＿＿＿＿＿＿＿＿＿＿＿＿＿＿＿＿＿＿＿

＿＿＿＿＿＿＿＿＿＿＿＿＿＿＿＿＿＿＿＿＿＿＿＿＿＿＿＿＿＿＿

# 活动二:与"饭店人"面对面

**活动目的:** 通过与饭店员工或管理人员的直面接触和交流,了解饭店工作情况,并体会"饭店人"应该具备怎样的素质。

**活动形式:** 邀请饭店从业人员开设讲座或分组采访饭店从业人员。

**活动任务:** 1.了解饭店工作的内容和特点。

2.观察所接触的饭店员工或管理人员的仪容仪表、行为举止,了解其工作经历和感受。

3.对照自己,确定目标,总结自己要成为一名合格的"饭店人",尚需在哪些方面做出努力。

**收获体会:** ＿＿＿＿＿＿＿＿＿＿＿＿＿＿＿＿＿＿＿＿＿＿＿＿＿＿＿＿

＿＿＿＿＿＿＿＿＿＿＿＿＿＿＿＿＿＿＿＿＿＿＿＿＿＿＿＿＿＿＿

**教师评价:** ＿＿＿＿＿＿＿＿＿＿＿＿＿＿＿＿＿＿＿＿＿＿＿＿＿＿＿＿

＿＿＿＿＿＿＿＿＿＿＿＿＿＿＿＿＿＿＿＿＿＿＿＿＿＿＿＿＿＿＿

# 项目二

# 观前厅

若将饭店比作车轮,前厅部则是车轮的轴心。

在我们进入饭店时,首先映入眼帘的是饭店的前厅大堂。前厅部(Front Office)因其主要服务部门总服务台位于饭店最前部的大堂而得名。前厅部又被称为饭店的"神经中枢""前台中的前台",因为它不仅是饭店的主要营业场所,也是客人与饭店联系的重要纽带。

1. 知晓前厅部在饭店中的地位、任务,明白前厅组织机构。
2. 知晓前厅大堂氛围营造的特点,能描述大堂环境布置、氛围营造的基本要求。
3. 知晓前厅各岗位的服务工作的基本内容,明白前厅服务的相关知识。

## 任务一 认识饭店的"神经中枢"

活动主题:初步认识饭店前厅部

活动步骤:1.通过浏览网站、搜集图片、观看视频等多种途径了解饭店前厅相关信息。

2.相互交流并讨论。

前厅部是饭店组织客源、销售客房产品、沟通和协调各部门的对客服务,并为客人提供前厅系列服务的综合性部门。前厅部接触面广、政策性强、业务复杂,在饭店中具有举足轻重的地位。

## 学习内容

### 一、前厅部的地位

#### （一）前厅部是饭店的门面

前厅部处于饭店对客接待的前列,是饭店最先迎接客人和最后送别客人的地方,前厅服务是使客人对饭店产生第一印象和留下最后印象的环节。毋庸置疑,前厅部是赢得客人好感的重要阵地,前厅部员工的精神面貌、仪容仪表、服务态度、服务技巧、服务效率,以及前厅大堂及各服务点的环境,均能极大地影响客人对饭店的好感度。

#### （二）前厅部是饭店的销售窗口

前厅部是饭店的销售窗口,是饭店的营收中心。首先,前厅部通过客房预订、接待住店客人、推销客房及其他服务设施,达到销售的目的;其次,前厅部的各岗位通过回答客人的问询、介绍饭店的设施和提供优良的服务,达到扩大销售、促进客人消费的效果;最后,前厅部通过与客人直接和间接的接触,与社会建立广泛的联系,由此了解到的客源信息是饭店制定销售政策的重要依据。

#### （三）前厅部是饭店业务活动的中心

饭店绝大多数的业务信息来自前厅,前厅部如同饭店的"大脑",对外起着"联络官"的作用,对内发挥着业务调度的职能。整个前厅部的工作始于客人最初与饭店的接触,直至客人结账离店及其后的相关服务,贯穿了客人抵达饭店及逗留的全过程,因此成为饭店业务活动的中心。

#### （四）前厅部是建立良好宾客关系的重要环节

从客人角度分析,"客人满意程度"是饭店服务质量的主要评价指标,而建立良好的宾客关系正是提高客人满意程度的关键因素。前厅部处于饭店与客人的中介桥梁位置上,是与客人接触最频繁的部门。根据希尔顿饭店手册,在与客人的关系中,每一位员工都是"希尔顿",即员工在客人面前都是希尔顿大使,创造、维系着与客人的良好关系。

### 二、前厅部的任务

#### （一）销售客房

前厅部负责受理客人预订,向客人推销客房,并为客人办理入住手续。前厅部推销客房的数量和价格,不仅影响饭店的客房收入,也影响饭店餐饮、娱乐、商场等部门的收入。

### （二）控制客房状况

客房状况又称房态，指饭店客房的使用情况，通常分为长期（预订状况）和短期（瞬间状况）两类。前厅部必须在任何时刻都能正确地显示客房状况，准确、有效地房态控制有利于提高客房利用率及对客服务质量。

### （三）协调对客服务

作为饭店业务活动的中心，前厅部要向有关部门下达各项业务指令，协调各部门解决执行指令中遇到的问题，联络各部门为客人提供优质服务。

### （四）提供各类前厅服务

前厅部除协调对客服务外，本身还担负着直接为客人服务的繁重任务，如到机场、车站接送客人，提供迎接服务、问讯服务、行李服务、贵重物品寄存服务、电话服务、商务服务、账务服务，以及各项委托代办服务等。

### （五）提供信息

前厅是饭店的窗口，也是饭店的信息中心。信息包括外部市场信息（如国外经济信息、客源市场信息）和内部管理信息（如开房率、营业收入、预订情况、客人信息）。前厅部不仅要收集信息，还要负责对信息的加工整理及传递工作。

### （六）负责客账管理

前厅部负责客账管理工作，记录客人与饭店间的财务关系，以保证饭店及时准确地得到营业收入。前厅部的客账管理包括客账建立、客账累计、客账审核及客账结算等内容。

### （七）建立客史档案

前厅部对住店客人的有关信息资料进行保留、整理、归档，形成客史档案。客史档案一般包括：客人的爱好习惯、消费偏好、消费金额、每次住店期间的特殊要求、投诉情况等。这些资料是饭店向客人提供周到的个性化服务的依据，也是饭店加强对客源的了解、增加市场渗透力、提高客房销售能力的信息来源。

## 三、前厅部的业务分工

前厅部的工作任务，是通过其内部各机构分工协作共同完成的。饭店规模不同，前厅部业务分工也不同。图 2-1 是某大型饭店前厅部的组织结构图。

预订处：主要负责未来客人和目前客人的客房预订，做好饭店客房的占用、使用情况登记录入工作。当大型团队在饭店下榻时，预订处必须与销售部保持密切的联系。

接待处：负责接待各类抵店投宿的客人，为其办理住店手续；与其他部门保持联系，及时掌握客房出租的变化，制作客房销售情况报表，掌握客人动态及信息资料等。

收银处：负责饭店客人所有消费的账务管理；与饭店一切有客人消费的部门收银员或服务员联系，催收核实账单；夜间统计当日营业额，制作报表；为客人进行外币兑换。

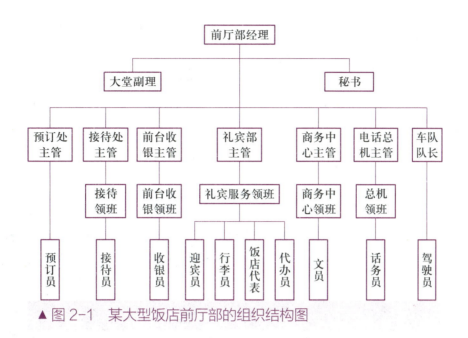

▲图2-1　某大型饭店前厅部的组织结构图

礼宾部:负责在饭店门口或机场、车站、码头迎送客人;协助客人办理入住登记手续,并护送客人去房间;帮助客人卸送行李,提供行李寄存和保管服务;代办客人委托事宜;安排好进出店客人的交通。

商务中心:提供打印、复印、传真等商务服务;根据需要为客人提供秘书服务,商务中心洽谈室出租服务和设备租借服务。

电话总机:负责接转饭店内外电话,回答客人的电话问询;提供留言、叫醒服务;充当饭店出现紧急情况时的临时指挥中心等。

车队:负责饭店车辆的日常保养及清洁;根据客人用车情况,及时安排车辆及司机,为客人提供车辆服务。

## 任务二　营造典雅的大堂氛围

活动主题:参观考察饭店前厅大堂

活动步骤:1.以小组为单位(建议4~6人/组)参观调查当地某饭店大堂。

2.估测大堂面积;观察大堂的环境装饰;观察有哪些设施设备;体验氛围。

3.观察大堂是如何按功能来布局的,并画出饭店大堂布局平面图。

4.观察饭店门外的情况,如有无残疾人坡道。

5.各组总结调查内容,相互交流。

**学习导读**

前厅大堂(lobby)是每一位客人抵离饭店的必经之地,是客人进店后首先接触到的公共场所。饭店大堂以其宽敞的空间、精致的装饰、典雅的氛围,迎接每一位客人的来临。

**学习内容**

### 一、大堂的分区布局

前厅的大堂又称为大厅,是饭店中集交通、服务、休息等多种功能于一体的较大的公共空间,是客人的集散地。我国星级饭店评定标准规定,饭店必须具有与接待能力(用客房间数表示)相适应的大堂。

由于前厅的整体空间在饭店建筑形成时,就已经固定,因此,在对饭店具体建筑面积进行分区设计时,要实现各功能区域布局的总体合理协调。客人活动区域、员工活动区域、饭店内部机构区域要尽量分开,彼此互不干扰。某饭店大厅布局如图 2-2 所示。大堂的布局按区域来分,可划分为:正门入口处和客流线路、服务区、休息区、公共卫生间四大基本功能区。

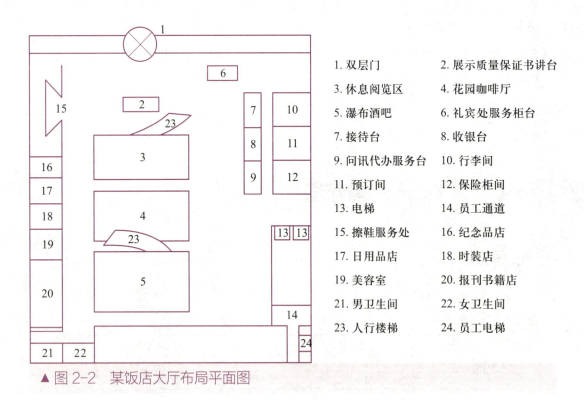

1. 双层门    2. 展示质量保证书讲台
3. 休息阅览区    4. 花园咖啡厅
5. 瀑布酒吧    6. 礼宾处服务柜台
7. 接待台    8. 收银台
9. 问讯代办服务台    10. 行李间
11. 预订间    12. 保险柜间
13. 电梯    14. 员工通道
15. 擦鞋服务处    16. 纪念品店
17. 日用品店    18. 时装店
19. 美容室    20. 报刊书籍店
21. 男卫生间    22. 女卫生间
23. 人行楼梯    24. 员工电梯

▲ 图 2-2 某饭店大厅布局平面图

#### (一)正门入口和客流线路

正门入口处是饭店内外空间的临界,其基本功能是保证饭店进出通道的顺畅,客人上下车时能避风遮雨,地面耐磨、易清洁且防滑。厅门外有供客人上下车的空间与回车道、停车场、雨搭,正门前台阶旁还设有专供残疾客人轮椅出入店的坡道,以方便残疾客人进出饭店。

每个饭店应根据各自的经营特色与文化氛围尽可能地突出大门。饭店大门通常由正门和边门构成。正门的形式主要有旋转门、自动感应门、推拉门三种。门的规格大小应考虑客流进出量、服务水平、规格等因素。使用旋转门为正门时,其旋转性能应可靠,空间应宽敞,防止夹伤客人。自动感应门和推拉门可设置双重门形式,以保持大堂内室温相对稳定。

▲ 图2-3 饭店用地毯引导客流

从入口到饭店内各个目的地,便形成了客流线路。大厅内各条客流线路的地面要经过装修或铺设条形地毯,以形成明确的客流走向,使具有动感的走线与相对平静的休息区和服务区互不影响(图2-3)。

### (二) 服务区

大堂的服务区主要包括总台、大堂副理、礼宾处、商务中心,以及餐饮部的大堂酒吧等。

总台是总服务台的简称,是为客人提供入住登记、问讯、结账等前厅综合服务的场所。为提高总台对客服务的效率和质量,总台应设在大堂中醒目的位置。理想的总台应该既能使站立的服务人员清楚地观察到整个大堂及电梯、各出入口的基本情况,又能使客人容易看到或找到(图2-4)。

▲ 图2-4 总台

总台的形状可依据大堂的建筑结构有所区别,采取曲直相结合的形式。有的为直线形,有的为半圆形,有的则设计成"L"形或"U"形。总台的高度应以方便客人住宿登记和总台服务人员的接待服务工作为原则,其理想高度为110～125厘米。柜台内侧设有工作台,供总台服务人员使用,其台面高度为85厘米。总台的大小与饭店接待规模、总台服务项目和计算机的应用水平等因素相关。如喜来登国际集团的服务台指标是:每200间客房,柜台长8米,台内面积23平方米;每400间客房,柜台长10米,台内面积31平方米;每600间客房,柜台长15米,台内面积45平方米。目前,有些饭店将总台站立式服务改为坐式服务,即服务人员与客人面对面分坐在总台两侧,总台的结构亦作相应的调整,尤其是降低了总台的高度。

大堂副理的办公地点,应设在离总台或大门不远的某一视野开阔的安静之处。通常由1张办公桌和2～3把椅子组成,桌子上应配备电话机、客人意见表、大堂经理值班记录本等。大堂副理工作台见图2-5。

礼宾处服务柜台一般设在大门内侧又靠近总台,使行李员可尽早看到汽车驶进通道,及时上前迎接,同时方便与总台的工作联系。柜台后设行李房,供放置寄存行李、集中或疏散团队行李(图2-6)。

商务中心一般设在饭店一楼或二楼,门边设有标记,便于客人寻找并迅速得到服务。商务中心应具有安静、隔音、优雅、舒适、整洁等特点,环境布置应令人赏心悦目。

另外,前厅部办公室、预订处等机构,他们与前厅接待服务密切相关,但又不必直接与客人打交道,一般应设在总台后面,联系方便但较为隐秘之处。

▲ 图2-5　大堂副理工作台

### (三) 休息区

大堂休息区是客人来往饭店时等候或约见朋友的场所,它要求相对安静和不受干扰(图2-7)。休息区的主要家具是供客人休息的沙发座椅和配套茶几。沙发的摆放形式可根据场地许可和客人需要设置,在人流进出频繁、充满动感的大厅空间中构筑一个宁静舒适的小环境。在沙发附近可放置报刊架,为客人提供相应的报纸、杂志、店刊等。

▲ 图2-6　礼宾处服务柜台

饭店的大堂酒吧虽然归属于餐饮部,是营业服务性的场所,但也是供客人休息、等候、会友的地方。大堂酒吧通常由服务台、几组软座椅和茶几组成。有些饭店在大堂酒吧附近区域配置了钢琴,由专职人员为客人演奏音乐,更加烘托出大堂的典雅氛围。

### (四) 公共卫生间

饭店大厅或附近通常设有供客人使用的公共卫生间(图2-8)。在一定意义上讲,公共卫生间可以反映出饭店的档次和服务水准,是饭店的一张"名片"。公共卫生间除了要宽敞洁净、设施完好、用品齐全外,还应注意装饰材料的选择与大堂其他部分在规格和质地上的一致性。大堂有众多的进出客流,要考虑公共卫生间的位置,使之既处于隐蔽处,又方便客人使用,而且标志明显。

▲ 图2-7　饭店大堂休息区

▲ 图2-8　饭店大厅公共卫生间

## 二、大堂环境氛围

### (一) 环境设置

#### 1.空间

前厅必须要有与饭店的规模和等级相适应的大堂空间,才能给客人和工作人员提供一个宽松的活动场所和工作环境。我国星级饭店评定标准规定,饭店必须具有与接待能力(用客房间数表示)相适应的大堂。一般饭店的大堂公共面积(不包括任何营业区域的面积)最小不能小于 150 平方米,而大型或高档饭店的大堂公共面积则常常在 350 平方米或 400 平方米以上(图2-9)。

▲ 图2-9　典雅的大堂

#### 2.光线与色彩

大堂内要有适宜的光线,使客人在良好的光线下活动,使员工在适当的光照下工作。过于明亮的光线,会使人的眼睛过分紧张,产生头晕目眩等不舒适的感觉,影响前厅员工的工作效率;过于昏暗的光线,不易使员工和客人彼此看清对方的脸部,也不利于准确地填写表格。客人从大门外进入大厅,是从光线明亮处来到光线昏暗处,如果这个转折过快,客人会很不适应。所以,灯光的强弱应逐渐变化,可采用不同种类、不同亮度、不同层次、不同照明方式的灯光,并配合自然光线。在一些高档饭店,大堂往往安装豪华吊灯,这些灯具不仅设计新颖、具有时代感,而且制作工艺精良、造型美观,有较强的装饰效果。

大堂环境的好坏,受到大堂内色彩搭配的影响。在进行大堂环境色彩设计时,应与室内不同区域的功能、客人的心理需求、饭店所提供的产品紧密结合在一起。大堂内客人主要活动区域的地面、墙面、吊灯等应以暖色调为主,以烘托出豪华热烈的气氛。在客人休息的沙发附近,色调应略冷些,使人有一种宁静、平和的心境。总之,大堂的色彩设计,首先要确定大堂环境总体的色彩基调,然后再针对不同区域的功能设定搭配的色调,继而创造出大堂特有的安静、轻松的气氛。

#### 3.温度、湿度与通风

大堂要有适宜的温度和湿度。饭店通过单个空调机或中央空调,一般可以把大厅温度维持在人体所需的最佳状态(一般是 22 ~ 24℃),配以适当的湿度(40% ~ 60%),将风速保持在 0.1 ~ 0.3 米/秒,新风量一般不低于 160 立方米/(人·小时),整个环境就比较宜人了。大堂内人员集中,密度大,耗氧量大,现代饭店往往采用性能良好的通风设备或楼宇自动化管理系统对饭店的空调系统和新风系统进行控制,以节约能源,达到绿色环保的目的。

#### 4.声音

一切听起来不和谐、不悦耳的声音,均为噪声。大堂内的噪声一般不得超过 50 分贝。大堂离饭店大门外的闹市区或停车场较近,人员活动频繁,车辆噪声不断,加之大堂内的说话声、电话铃声等,声源杂、音量大,如果其噪声超过人体感觉舒适的限度,会使人烦躁不安,易于激动、争吵、出错,降低服务效率。因而,在建造大堂时,应考虑使用隔音板等材料来降低噪声。饭店员工工作交谈时声音应尽量轻些,有时甚至可以使用一些体态语言,代替说话进行沟通(如用手势招呼远处的同事)。要尽量提高工作效率,使客人在高峰时段不致长久滞留于大堂,破坏大堂安静的气氛。对来店参观、开会、购物、用餐的客人,必要时也应劝告他们说话低声些。饭店大堂应尽可能播放轻松、动听的背景音乐,以减少噪声对客人的干扰。

### 5.陈设与装饰

大堂的陈设与装饰既是体现饭店文化层次的标志,又可以起到塑造饭店主题的作用。大堂的陈设应展示出饭店的等级、规模、类别,以及饭店所处的区域文化、民俗文化、企业文化等;装饰上要讲究格调高雅,且应突出饭店文化,设计主题要富有创意,讲究工艺,还可以借助各种艺术手法,营造出与饭店经营风格和谐一致、相得益彰的环境氛围。另外,配合大堂的建筑设计特色和装饰艺术风格,随着季节、气候变化和活动需要适时调换花卉品种,配置适当的工艺摆件、挂件,烘托出环境氛围的整体感和艺术感。

### (二)服务氛围营造

希尔顿国际饭店集团的创始人康拉德·希尔顿先生曾说:"如果我是客人,我宁愿住在只有破旧的地毯,但处处都充满微笑的饭店,而不愿意走进只有一流设备却不见微笑的地方。"浓厚的服务氛围可以给客人形成深刻的印象,前厅要努力营造雅而不俗、井然有序、温馨愉悦的服务氛围。具体表现在:

### 1.保持微笑待客

微笑最具沟通性,是最重要的体态语言。前厅服务员要让客人时时处处感受到亲切和热情,而微笑是最基本的服务要求。

### 2.仪态端庄文雅

前厅服务员穿戴制服应整洁、大方、庄重,站姿、坐姿、走姿要规范,操作过程要轻、准、快,说话要轻声细语,讲究语言艺术。

### 3.讲究礼貌礼节

"有礼"的服务人员总可以给人形成"有理"的印象。常见的礼貌礼节包括迎送礼、问候礼、称呼礼、鞠躬礼、握手礼以及交流过程所使用的敬语、谦语等。只有通过"以礼待人"的工作态度和"以理服人"的工作方式,才能换得客人的真诚与配合。

### 4.注重服务效率

前厅服务员应该注重服务效率,提高工作质量。服务中主动观察,注意揣摩客人心理,做到真诚待客、有求必应、有问必答,对客人的每一次承诺都要尽全力给予实现。

## 任务三　提供高效的前厅服务

**活动导入**

活动主题：了解饭店房价

活动步骤：1.走访饭店或浏览饭店预订网页，了解不同级别饭店的房价及其差异。

2.了解饭店的房价有哪些类型，如散客价、团队价。

**学习导读**

饭店前厅是迎来送往的地方。依据客人"抵店前—抵店—住店—离店"这一主线，预订服务、总台服务、礼宾服务、大堂副理服务、商务中心服务和电话总机服务构成了前厅对客服务的主要内容。提供高效优质的服务是前厅部每位员工的职责。

**学习内容**

### 一、预订服务

客房预订，指客人在抵店前对饭店客房使用权的预先订购，或客人与饭店间达成的客房租用的预先约定。客房预订是客房销售的首要环节。它既可以让客人的住宿需求预先得到保证，又可以使饭店最大限度地利用客房资源，获得理想的出租率，并提高饭店的服务质量。饭店的预订工作一般由前厅部的预订处、总台以及饭店的销售部进行（有些饭店的销售部隶属于前厅部，有些则独立于前厅部）。

#### （一）做好预订准备

想要做好预订工作，首先要掌握饭店的房价类型。

（1）标准价（rack rate）。由饭店管理部门依据经营成本、盈利需要、竞争等因素制定的各种类型客房的基本价格，在饭店价目表上明码标注，未含任何服务费或折扣等因素。

（2）团队价（group rate）。针对旅行社、航空公司等团体住店客人提供的折扣价格。

（3）小包价（package plan rate）。是饭店为客人提供的一揽子报价，其中包括房费及其他服务项目的费用。

（4）折扣价（discount rate）。对于常客、长住客及有特殊身份的客人，饭店通常为其提供的优惠房价。

（5）商务合同价（commercial rate）。饭店与有关公司或机构签订合同，以优惠价格出租客房，以求双方能够长期合作。

（6）免费（complimentary）。饭店由于种种原因，有时需要对某些特殊身份的客人免收住店房费。但应注意免收房费的规定和要求,一般只有饭店总经理才有权批准。

(7) 白天租用价(day use rate)。客人白天租用房间,饭店一般按半天房费收取,有些饭店也按小时收取;一般对于客人凌晨抵店、结账超过了规定的时间、入住与离店发生在同一天等情况,饭店会采用白天租用价。

另外,饭店房价还有淡季价(low season rate)、旺季价(high season rate)、家庭租用价(family plan rate)、加床费(rate for extra bed)等类别。

 **资料链接**

 国际饭店计价方式

按照国际惯例,饭店的计价方式通常可以分为5种:

欧式计价(European plan,简称EP):这种计价方式只计房租,不含餐费,为世界上大多数饭店所采用。

美式计价(American plan,简称AP):这种计价方式的特点是客房价格不仅包括房租,还包括一日三餐的费用,多为度假型饭店或团队(会议)客人使用。

修正美式计价(modified American plan,简称MAP):这种价格包括房租和早餐费用,还包括一顿正餐(午餐、晚餐任选其一),这种计价方式比较适合普通旅游客人。

欧陆式计价(continental plan,简称CP):此种计价包括房租和欧陆式早餐(continental breakfast)。欧陆式早餐比较简单,一般只提供冷冻果汁、烤面包(配黄油、果酱)、咖啡或茶。

百慕大式计价(Bermuda plan,简称BP):客房价格中包括房租和美式早餐(American breakfast)。美式早餐除包括欧陆式早餐的内容外,通常还提供煎(煮)鸡蛋、火腿、香肠、咸肉、牛奶、水果等。

### (二) 知晓预订渠道和方式

客人在饭店订房主要通过两类渠道:直接渠道和间接渠道。直接渠道,指客人不经过中介而直接与饭店预订处联系,办理订房手续。间接渠道则是由旅行社等中介机构代为办理订房手续。饭店的间接订房渠道主要有:旅行社订房、与饭店签订合同的企事业单位订房、政府机关或会议机构订房、连锁饭店或合作饭店订房、航空公司订房、网络平台订房。

 你知道哪些知名的旅游预订网站或 App ?

客人采用何种方式进行预订,受其预订的紧急程度和客人预订设备条件的制约。因此,客房预订的方式多种多样,各有其不同的特点。通常,客人采用的预订方式主要有:电话预订(图 2-10)、互联网预订、邮件预订、传真预订等。

▲ 图 2-10 电话预订服务

 不同的预订方式各有什么优缺点?

客房预订

### (三) 处理订房要求

1. 受理预订

决定是否受理一项订房要求,需要考虑四个方面的因素:预期抵店日期、所需客房类型、所需客房数量、逗留天数。

预订员在受理客人预订时,服务程序会针对不同预订方式而有所不同,以电话预订为例,一般会有以下步骤:

(1) 问候客人。用热情的语言问候客人。

(2) 了解客人预订需求。询问客人是否需要订房以及具体的预订要求,查看房态表,以便确认是否受理客人的预订要求。

(3) 介绍房型与价格。介绍客房的类型,针对客人的预订要求推荐适合的客房,并根据客人的特点进行报价。

(4) 询问客人抵达情况和有无特殊要求。了解客人交通工具情况以及特殊要求,以便饭店根据客人需求安排接机、接车、用餐、排房等方面的服务。

(5) 询问客人付款方式。询问客人将用何种形式付款,如现金、支票、信用卡、公司结算或移动支付。

(6) 复述核对预订内容。针对客人的预订需求及相关信息进行再次的说明,确保预订信息的准确性。

(7) 向客人致谢和道别。感谢客人来电以及对饭店的支持,礼貌道别。

(8) 储存、记录、传递预订信息。整理客人的预订信息,并将其输入电脑,传递给相关部门,做好服务准备。

### 2.确认预订

（1）临时性预订（口头确认）（advanced reservation）。是客人在即将抵达饭店前很短的时间内或在到达的当天联系订房。由于时间仓促，通常采取口头确认（包括电话确认）。按照国际惯例，饭店对预先订房的客人，会为其保留房间直至抵店日当天下午 6：00 为止，这个时限被称为"取消订房时限"或"截房日期"。如果订房客人到了这个时间未抵店，也未事先与饭店联系，则该预订即被取消。当天临时性订房通常由总台接待处受理。

（2）确认性预订（书面确认）（confirmed reservation）。通常指在饭店与客人之间就房价、付款方式、取消条款等声明达成了较成熟的意向，并经饭店书面形式确认。当客人订房时距实际入住时间较久时，饭店通常要发邮件或传真确认。持有确认函来店的客人，饭店可以给予较高的信用等级。对于确认类预订，饭店依然事先声明为客人保留客房至某一具体时间（一般是当天下午 6：00）。过了规定时间，客人如未抵店，也未与饭店联系，则饭店有权将客房出租给其他客人，因为客人没有实质性的赴店担保。

（3）保证性预订（guaranteed reservation）。指客人通过预付款、信用卡、合同等形式为其预订进行担保的订房形式。饭店在任何情况下都应落实保证类预订。若客人在预期抵店当日未到店，又未有告知，则饭店会将其客房保留至次日中午 12 时，同时收取客人一夜的房租。保证类预订，不仅保护了客人免受客满的影响，而且也确保了饭店在预订客人不抵店入住的情况下仍有收益。

### 3.婉拒、变更、取消预订

当客人的订房要求不能满足时，预订员应该向客人积极介绍其他与客人要求相近类型的房间，或主动提供一系列可供客人选择的建议，切不可直接拒绝。还可征得客人的同意，将其列入"等候名单"。

预订的变更指客人在抵达之前临时改变预计的日期、人数、住宿天数、要求、姓名和交通工具等。在预订变更时，预订员首先应该查看饭店是否能够满足客人的变更要求。如能够满足，则予以确认，修订有关的预订记录，并将变更信息传递至饭店相关部门。

当接到客人取消预订的要求时，预订员要核实预订人信息和原预订信息，在原预订单上进行标注。记录要求取消预订者的姓名及联系电话，以便做必要时的追溯。预订员随后应该对相关预订资料进行有效处理。

### （四）检查控制预订过程

为保证预订受理、记录、变更、资料储存及预订过程顺畅无误，预订员要对已订房情况进行定期和不定期的核对、检查，以发现并纠正错误。预订员还要及时处理"等候名单"，若发现"等候名单"中的客人抵店前有可租房，应立即通知客人。

**资料链接**

 超额预订

超额预订(over booking)指虽然饭店某一时段客房预订已满，但仍适当增加订房数量，以弥补客人若未按时抵店或临时取消预订而产生缺额所造成的损失。

超额预订应该有个"度"的限制，以免出现因"过度超额"而使客人不能入住的情况。如果因超额预订而使客人不能入住，按照国际惯例，饭店方面应该做到：

(1) 诚恳地向客人道歉，请求客人谅解。

(2) 立即与另一家相同等级或更高等级的饭店联系，请求援助。同时，派车将客人免费送往这家店。

(3) 如属连住，则店内一有空房，在客人愿意的情况下，再把客人接回来，并做 VIP 接待。

(4) 支付其在其他饭店住宿期间的第一夜房费，或客人搬回饭店后可享受一天免费房的待遇。

(5) 对提供了援助的饭店表示感谢。

## 二、总台服务

### (一) 入住接待

客人下榻饭店应该办理入住登记，这是我国相关法律对住宿业管理的要求，也是客人和饭店之间建立正式的合法租住关系的根本环节。通过入住接待，前厅可以获得客人的个人资料，为饭店有关部门提供服务信息，也为协调对客服务提供依据(图 2-11)。

▲ 图 2-11　总台接待员在工作

以散客入住登记为例，总台接待员为其办理入住程序一般如下：

(1) 热情迎接。客人抵达时，表示欢迎。

(2) 确认是否有预订。询问客人是否有预订，如确认有预订，需要详细确认客人的预订内容。若客人无预订，则需要了解客人的住宿要求并视情况推销客房，确定房型与房价。

入住接待

（3）登记。请客人出示证件,在住宿登记表上进行登记,并礼貌核对。询问客人有无贵重物品需要寄存。

（4）排房。为客人分配房间,告诉客人房号,并与其确认房价和离店日期,请客人在登记单上核实签名。

（5）确认付款方式。按规定收取预付款,开具收据。

（6）制作房卡。

（7）提醒及祝愿。为客人指引电梯方位,请行李员引领客人进房(注:有的饭店在客情不忙的情况下,由接待员引领客人进房,并称之为前厅的"贴身接待")。

（8）信息传递及存储归档。将客人入住信息立即传递给服务中心,做好住客资料的计算机输入、归档等工作。

## 资料链接

### 房态的种类

饭店客房状态一般可分为以下九种:住客房(OCC)、走房(C/O)、空房(VAC)、维修房(OOO)、无行李房(N/B)、外宿房(S/O)、长包房(L/S)、饭店自用房(HSE)、请勿打扰房(DND)。

说明:括号中是该房态的英文缩写。在饭店管理信息系统中,房态通常用英文缩写的方式显示。不同饭店对房态的英文表示可能不一样。

### （二）问询服务

问询服务

饭店的客人来自世界各地,饭店有义务为客人提供查询和留言服务。总台员工的重要工作任务之一是为客人提供问询服务,但并不意味着问询服务仅仅是总台的责任,饭店的每一位员工都有义务为客人提供问询服务。

1.查询服务

查询服务涉及客人对有关饭店内部情况的查询、有关饭店外部情况的查询和住客情况的查询。

有关饭店内部情况的查询一般包括:饭店营业场所的位置、服务项目、营业时间、电话号码及收费标准;饭店历史及近期各项活动;饭店设施设备使用等。问讯员应熟记饭店内部信息,以便给予客人快速、准确的答复,同时应具有较强的营销意识,将客人的每一个问题看成是推销饭店商品、宣传饭店的机会。

有关饭店外部情况的查询一般包括：各类交通工具情况，诸如公共汽车、出租车、地铁、火车、飞机等的乘坐情况；本地区著名的旅游景区景点、政府部门、商业机构、大专院校、图书馆、银行、医院等的位置、电话及交通信息。问讯员应该有较广的知识面，耐心细致、和蔼可亲、准确完整地满足客人的查询要求。

查询住客情况主要包括：问询客人是否住在本饭店；查询客人房间号码；查询客人的私人资料，如姓名、地址。有些住店客人，由于某种原因，会要求饭店对其房号进行保密。问讯员应该问清客人的保密程度，确认客人姓名、房号及保密时限，在计算机中做好记录。当有来电查询或来访人员要求见该客人时，问讯员应以无该客人在住或暂时没有入住为理由予以谢绝。

2. 留言服务

留言服务是一项饭店帮助客人传递口信的服务，通常由总台或电话总机负责提供，留言一般分为"访客留言"和"住客留言"两大类。

访客留言指访客给住客的留言。当被探访的客人不在房间或暂时无法联系到时，总台可以向来访或来电的客人建议，给住客留言，由饭店负责转达。住客留言指住客给访客的留言。即当住店客人离开客房或饭店时，想告知来访者自己的行踪或有口信告之。总台留言要填写留言单，一般由要求留言者填写，或由其口述，接待员帮助记录并复述确认。留言单应该在第一时间转达给留言接收客人。

（三）账务服务

客账控制是一项细致而复杂的工作，时间性和专业性较强。前台客账控制主要包括建账、记账、结账等一系列环节。此外，总台收银处还担负着外币兑换、夜间审核等工作任务。

1. 清楚建账

客人办理完入住登记手续并预付押金之后，总台收银处据此为客人建立一个账户，记录该客人在饭店居住期间的房租及其他各项花费（已用现金结算的费用除外）。它是客人离店结算的依据。通常，饭店为散客设立个人账户，为团体客人设立团体账户。账户要分类归档，调用方便。

2. 准确记账

前厅为客人建立账户后，即开始记录客人住店期间的一切费用。对于客人的房租，采取依日累计的方法，每天结算一次。其他各项费用，如餐饮、洗衣、康乐等项目，除客人愿意在发生时现金结算外，也可由客人签单认可后由相关部门将其转入前厅收银处，记入客人账户。记账要准确、迅速、及时，客人的姓名、房号、费用项目和金额、消费时间等都及时、清楚地登记。

3. 快捷结账

结账是客人办理离店手续的关键环节，主要内容包括：结清应收未收客账余额；更新客房状态；保持、建立客史档案；在客人心中树立良好的饭店形象等。客账的结算方式主要有移动支付、现金结算、信用卡结算、支票结算、直接转账等。结账工作业务性强,又较繁杂,收银员要按照程序有条不紊地进行,避免出现差错。以散客结账为例,其操作程序如下:

(1) 问候客人。

(2) 核对房号和消费情况。客人离店要求结账时,收银员询问并确认客人的房号,收回房卡。与客人确认是否有新近消费或其他临时消费。

(3) 通知房务中心退房信息。电话告知房务中心退房信息,便于其进行查房。房务中心查房后及时反馈信息。如有未结清费用,收银员及时将其输入计算机,并打印账单供客人核对。

(4) 结账服务。客人核对账单无误后,为客人结账。询问客人付款方式,按客人指定的付款方式结账,并开具发票。结账要做到唱收唱付。

(5) 感谢与道别。适时询问客人住店感受。向客人表示谢意,并欢迎再次光临,询问是否需要下一次预订。

(6) 整理资料。整理离店结账客人账单等资料,交与财务部。

4.外币兑换

饭店为方便住店客人,向有关银行机构申请,在饭店总台设立外币兑换点,根据国家外汇管理局每日公布的外汇牌价(图2-12),为住店客人代办外币兑换、旅行支票和信用卡结算等业务。收银员应学习外币兑换的业务知识,接受专业知识和技能的培训。饭店也应配备相应的外币验钞机等设备,帮助员工增强假钞识别能力,做好外币兑换业务。

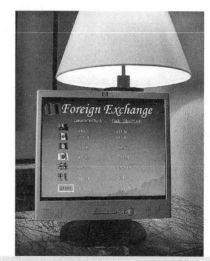

▲ 图2-12 外币兑换汇率显示屏

旅行支票是一种有价证券、定额支票,也是汇款凭证,通常由银行、旅行社为方便国内外旅游者而发行。旅游者在国外可按规定手续向发行银行的国内分支机构、代理行或约定的兑换点兑取现金或支持费用。

 **想一想** 目前使用欧元的国家有哪些?

5.夜间审核

夜间审核是饭店每日必须进行的一项工作。夜审员主要由收银处夜班工作人员承担,其主要职责是核查前一日夜班后所收到的账单,将房租登录在客人账户上,进行饭店营业情况的总结与统计工作,进行饭店的内部控制,并向管理层及时反馈饭店每日的经营状况。

(四) 贵重物品寄存

贵重物品保管箱(safe deposit box)是饭店为住客免费提供临时存放贵重物品的一种专门

设备,通常设置在饭店前厅总台附近的隐蔽房间内,由一组小保管箱或保险盒组成,其数量通常按饭店客房数的 15%～20% 来配备(图 2-13)。保管箱的每个箱子都配备两把不同的钥匙,需要由饭店和客人同时开启。另外,饭店还在客房内配备小型保险箱,供住客自行存放贵重物品(图 2-14)。

▲ 图 2-13　总台客人贵重物品保管箱

▲ 图 2-14　客房内贵重物品保险箱

总台负责管理前厅客用贵重物品保管箱。每个班次员工均应统计、核定全部保管箱的使用、损坏状况,并在保管箱使用登记本上记录各项内容,包括客用保管箱启用,客人物品寄存,中途开箱、退箱情况等。

### 三、礼宾服务

为了满足对客服务需要,许多饭店都设立礼宾部,下设门童(迎宾员)、行李员、机场代表、委托代办等岗位。礼宾部的全体员工是最先迎接和最后送走客人的饭店服务群体,是饭店的前沿营销员。

#### (一)迎送服务

店门迎送服务主要由门童负责。门童亦称迎宾员或门卫(图2-15),是代表饭店在大门口迎送客人的专门人员,通常应站在大门的两侧或台阶下、车道边,站立时应挺胸额首、手自然下垂或下握,两脚与肩同宽。门童象征着饭店的礼仪,代表着饭店的形象,起着"仪仗队"的作用。所以门童一般穿着比较高级华丽、标志醒目的制服。上岗时,门童要着装整洁、精神饱满、思维敏

▲ 图 2-15　门童

捷、动作迅速、姿势规范、语言标准。同时,要热情、讲礼貌,创造一种真诚欢迎客人的热烈气氛,满足客人受尊重的心理需求。

门童的职责主要有:迎接客人、送别客人、回答客人问讯、调度门前交通、维持店门内外的安全。

### （二）行李服务

行李服务大致可分为行李搬运和行李存取服务两部分。为了能做好行李服务及其他增值服务,要求行李员吃苦耐劳,做到眼勤、嘴勤、手勤、腿勤;善于与人交往,和蔼可亲,并熟悉客人可能需要的问讯服务的内容和信息。

1. 行李搬运服务

行李搬运服务

行李员应认真阅读分析由预订处送来的"抵店客人名单"和接待处送来的"离店客人名单",掌握每日进出店的客流量,以便安排好人力。

对于散客而言,当客人乘车抵店时,行李员应主动上前迎接,开车门并为客人护顶,向客人表示欢迎。客人下车后,行李员应迅速卸下行李,引导客人进入大厅至总台。在客人办理登记手续时,行李员应站在客人身后帮助照看行李。客人办妥入住手续后,携行李引领客人进房间,并向其介绍房内设施设备。接到离店客人要求时,行李员应在指定时间前往指定地点提供服务,与客人共同清点行李件数,检查行李有无破损,帮助客人提拿或运送行李至店门口或汽车上,并礼貌地与客人道别。行李搬运均应做好相关记录工作。行李车见图 2-16。

▲ 图 2-16 　 行李车

团队行李一般是由接待单位如旅行社从车站、码头、机场等地装车运抵饭店的。团队离店时的行李也是由接待单位运送。但团队行李在饭店内的运送则由饭店礼宾部完成。行李员按团名清点行李件数,检查行李有无破损,与团队接待单位做好交接,并做好行李在店内的搬运送达工作。

2. 行李存取服务

客人寄存行李时,行李员要填写"行李寄存卡",包括客人姓名、房号、行李种类、件数、质地、寄存时间等内容。此卡一式两联,一联交给客人,作为提取行李的凭证,一联系在所寄存的行李上。提供此项服务时,行李员应向客人说明贵重物品、易燃易爆物品或违禁物品不能寄存。

行李寄存
服务

　　行李员应将客人寄存的行李放入行李房中,分类摆放。客人提取行李时,先请客人出示"行李寄存卡",并与系在行李上的寄存卡核对,无误后方能交付。如客人丢失寄存卡,则要凭借足以证实客人身份的证件才可提取行李。行李寄存服务要做好记录工作。

**想一想**　接到总台接待处换房通知后,行李员应该怎样为客人提供行李服务?

### (三) 饭店代表服务

　　"饭店代表"代表饭店在机场、车站、码头等主要出入口岸迎接客人。他们是饭店整体服务的向外延伸和扩展,也是饭店对外的宣传销售窗口。例如,中国大饭店把机场与饭店之间的服务称为"机场管家",这种服务的最大特点是方便、快捷、安全。客人一下飞机就能接受到专门等候于此的迎接人员的服务,"饭店代表"帮助客人办理入境手续、行李检查和通关事宜,并用专车接客人至饭店。"饭店代表"是一群非常注重服务质量的高水平的服务人员,能迅速消除客人与服务人员之间的距离感和生疏感,而体验这种服务的以商务客人居多。"饭店代表"除了具有良好的形象气质外,还必须具有强烈的责任心、自觉性、灵活性,有较强的独立工作能力和业务推销能力。

### (四) 委托代办及其他服务

　　饭店为客人提供委托代办服务范围较广,服务项目因饭店而异。提供此项服务,饭店一方面要设置专门的表单,如委托代办登记单、订票委托单;另一方面要制定必要的委托代办收费制度。一般而言,饭店内的正常服务项目和在饭店内能代办的项目不收取服务费。需付费的委托代办项目,应先填写委托代办书,再请客人签名确认。饭店礼宾部提供的委托代办服务主要有:替客人泊车、预订车辆、出租自行车、简单的店外修理、衣物寄存、转交(快递)物品、旅游服务、订票服务、代订房服务、订餐服务、护照签证服务。

委托代办
服务

🔔 金钥匙

　　前厅礼宾部所提供的服务项目和管辖范围因饭店的规模、种类不同而存在差异。但在客人心目中,前厅礼宾服务是能提供全方位"一条龙服务"的岗位,其英文名称为"bell service"(大厅服务)和"concierge"(礼宾服务)。随着现代饭店业的发展,1952年成立了"国际金钥匙协会",它是国际化的专业服务民间组织,创始人是法国的费迪南德·吉列特先生,总部设在法国。广泛的社会关系和协作网络成为"金钥匙"运作的必要条件。

　　在国际上,礼宾服务被视为饭店个性服务的重要标志,有人称它为"现代饭店之魂"。其服务哲学是:尽管不是无所不能,但一定要竭尽所能。"国际金钥匙协会"会员饭店的首席礼宾司身着燕尾服,佩戴着金钥匙徽章(图2-17),它是"国际金钥匙协会"会员的标志,象征着礼宾服务(如万能的金钥匙)能为客人解决一切难题。在现实中,"金钥匙"又被客人视为"百事通""万能博士"及解决问题的专家。

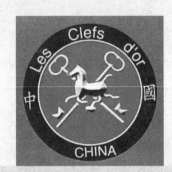

▲ 图2-17　中国区金钥匙徽章

　　中国于20世纪90年代初期成为"国际金钥匙协会"的成员国。中国第一把"金钥匙"产生于广州白天鹅宾馆。截止到2020年12月底,中国已有330多个城市的3 100多家高星级饭店成为"国际金钥匙协会"的会员。

## 四、大堂副理服务

　　大堂副理是饭店和客人沟通的桥梁,是饭店建立良好宾客关系、保证饭店(尤其是前厅)服务质量的重要岗位。三星级以上饭店的大堂副理必须提供至少18个小时的在岗服务。在行政归属上,大堂副理一般划归前厅部管理,便于对客服务,但有的饭店为增强其权威性,将其划归总经理办公室或质检部门管理。大堂副理的主要职责有:

### (一)维持正常服务秩序

　　维持饭店大堂内外的正常服务秩序是大堂副理的日常工作之一。大堂副理每天要检查大堂区域及饭店外围的卫生和设备情况,保证其处于良好的营运状态;检查各部门工作人员的仪容仪表、礼节礼貌等情况,确保提供高品质的服务质量。

## (二) 处理好与客人的关系

大堂副理在处理好与客人的关系中扮演重要角色,为突出大堂副理维系宾客关系的职责,许多饭店用"宾客关系主任"(图 2-18)的称谓来替代"大堂副理",或两者均设。大堂副理要回答客人的问询,向客人提供必要的帮助,为客人排忧解难;受理客人对饭店各部门的投诉,积极处理,并将投诉及处理情况整理记录,上报饭店质检等部门;征求客人意见,沟通维系饭店与客人间的情感,维护饭店声誉。

▲ 图 2-18　某饭店宾客关系主任在办公

## (三) 协助接待 VIP 和团队

大堂副理每天应查看房态表、当日抵店 VIP 客人、团队预报表、住客一览表等,了解并掌握客情,重点是当天的 VIP 和团队情况。要严格按程序做好 VIP 客人的接待工作,VIP 抵店前事先检查客房的清洁和布置情况、事先为 VIP 客人制作好房卡,客人到达时要热情迎接、引领入客房,客人离店时协助做好送别服务等;协调各部门做好团队接待工作,包括检查团队预排房情况、团队到达时做好接待安排、团队离店时协助做好结账离店和送别服务等。

## (四) 处理特殊事件

大堂副理的职责中包括协助前厅部员工处理日常接待中出现的各种问题,如超额预订、客人丢失保险箱钥匙、超信用限额、逃账等问题;关注住客生病或受伤情况,住客若在居住期间生病或受伤,应对其表示关切,询问病情,并依据客人病情或要求决定请饭店医务人员出诊或送当地医院就诊;发生火灾等紧急情况时,大堂副理要迅速赶赴现场了解情况,配合安全部、工程部等做好处理工作。

### 🖳 案例选读

### 📖 在飞机场没有接到客人

一日,饭店机场代表与车队司机按预订单到机场迎接客人,但预订单上标示的航班客人都走完了也没有见到要接的客人,经机场代表与预订部联系才获知原来预订已取消,但预订部忘记通知有关人员。

 **想一想** 如果客人取消预订,前厅部应该做好哪些沟通协作?

### 五、商务中心服务

商务中心(图2-19)又被称为"办公室外的办公室"。功能较为齐全、服务细致周到的商务中心,在吸引更多的客源尤其是商务客人方面起到了积极作用。商务中心主要提供以下服务:

▲ 图2-19 商务中心

#### (一)文印、传真服务

商务中心的文印服务以复印和打印最为常见。在提供文印服务时,为保护客人的隐私,要事先征求客人对文件的处理意见。

传真服务分为发、收传真两种情况。对于发送传真,服务员要认真核对接收人传真号码,并确认传真发送的成功性。对于接收到的传真,要核对清楚客人的姓名、房号,并及时通知客人自取或请行李员转交。

#### (二)洽谈室租借、设备出租服务

洽谈室服务包括洽谈室出租及客人会议洽谈期间的服务两部分。商务中心员工要做好洽谈室预订、会议前准备、会议接待服务和送客等工作。商务中心供出租的设备包括音响设备、投影设备等。饭店一般只向住店客人提供设备出租服务,而且只限在本饭店区域范围内使用。设备出租服务尤其要注意在出租前及客人归还后检查设备的完好性。

另外,有些饭店的商务中心还提供代办交通票,代办旅游、商业信息查询服务等。无论提供何种服务,商务中心员工都应首先热情礼貌地主动问候客人,问清客人的服务要求,细致专注地完成服务工作。同时做到服务快捷、严守秘密、账款清晰,并做好登记工作。

 **想一想** 商务中心一般应该配备什么设施、设备及用品?

### 六、电话总机服务

#### (一)转接电话

总机房(图2-20)一般设在饭店建筑中较为僻静处。总机全天24小时为客人提供话务服务。话务员应熟悉本饭店各部门的职责及业务范围,准确掌握饭店内部分机所处位置,以及其他动态信息管理人员的值班安排及去向等,以便提供准确的电话转接服务。转接任何电话,话务员都应一视同仁,主动向来电者问好,并自报家门,询问有什么需要帮助的。坚持使用热情、礼貌、

温和的服务语言是话务员提供优质服务的必要条件。同时,话务员要提高对声音的记忆程度,争取为客人提供个性化服务。

### (二) 问讯与留言服务

饭店中的每位员工都有为客人提供问讯服务的职责和义务,总机话务员更是如此。客人的问讯内容涉及范围很广,总机房除了配有计算机外,还应备有各种查询资料,如当地的电话黄页号簿、交通信息、旅游信息、住客的相关信息等。总机房应该像总台一样不断地更新信息资料,以便正确、高效地回答客人的问题。

▲图2-20　总机房

当电话占线或无法找到受话人时,话务员应主动询问通话人是否需要留言。客人需要留言时,话务员应进行完整记录,并复述加以确认。留言单由礼宾部员工传送。许多饭店还增设了语音留言系统。语音留言系统的好处是客人能亲耳听到来电者的录音,提高了留言内容的准确性和保密程度,克服了话务员在提供人工留言服务时可能遇到的沟通障碍。

### (三) 叫醒服务

总机话务员根据客人指定的时间为客人提供叫醒服务(wake-up call)或叫早服务(morning call)。电话叫醒服务是饭店对客服务的一项重要内容,它涉及客人的计划和日程安排,关系到客人的航班、车次或船次的安排。因此,总机话务员千万不能粗心大意,否则将给饭店和客人带来不可弥补的损失。

前厅的机械装置或前厅的计算机系统可以用来提醒总机话务员,及时地提供叫醒服务。计算机系统也可以自动实施叫醒,播放已录制好的叫醒语。尽管有先进的技术手段,但是许多饭店仍倾向于让总机话务员来提供充满人情味的叫醒服务。有的饭店将叫醒服务与提供房内用膳服务结合起来,使客人在接受叫醒服务的同时可以下早餐订单。有的则在提供叫早服务时,还提供当日天气信息。

### (四) 其他服务

1.阻止外来电话进入客房

住店客人希望不被干扰时,会要求总机提供阻止外来电话进入客房的免打扰服务(DND)。话务员应满足住店客人的要求,认真提供此项服务。话务员在接受客人的这项服务要求时,应询问客人要求免打扰的具体时间段,并认真记录。

**案例选读**

📖 **不周到的叫醒服务**

　　一天,住在1208房间的王先生在临睡前从客房内打电话给饭店的客房服务中心。客人在电话中说:"请在明早6点叫醒我,我要赶乘8点起飞的班机离开本市。"服务中心的值班员当晚将所有要求叫醒的客人名单及房号(包括王先生在内)通知了电话总机接线员,并由接线员记录在叫醒服务一览表之中。

　　第二天清晨快到6点之际,接线员打电话到1208房间叫王先生时,电话响了一阵,王先生才从床头柜上摘下话筒。接线员照常规说:"早晨好,现在是早晨6点钟的叫醒服务。"接着传出王先生似乎有些微弱不清的声音"谢谢"。王先生回答以后,马上又睡着了。等他再次醒来时已是6点55分了。等他赶到机场,飞机已经起飞了,只好折回饭店等待下班飞机再走。王先生事后向饭店大堂值班经理提出飞机退票费及等待下班飞机期间的午餐费用的承担问题。值班经理了解情况之后,向王先生解释说:"您今天误机的事,我们同样感到遗憾,不过接线员已按您的要求履行了叫醒服务的职责,这事就很难办了!"

　　王先生并不否认自己接到过叫醒服务的电话,但仍旧提出意见说:"你们饭店在是否弥补我的损失这一点上,可以再商量,但你们的叫醒服务却有改进的必要!"

　　事后,饭店听取王先生的意见,认真总结教训,并对叫醒服务做出明确规定:在提供叫醒服务中,若遇到无人接听、接听声音微弱不清晰等情况,应在5分钟后再叫一次,若无人应答,应立即通知大堂经理或楼层服务员前往察看。

　　2.充当饭店临时指挥中心

　　饭店的紧急情况,指发生诸如火灾、虫灾、水灾、伤亡事故、恶性刑事案件等。饭店管理人员为迅速控制局势,在遇到紧急情况时常常借助电话系统,此时,总机成为饭店管理人员采取相应措施的指挥协调中心。话务员应迅速按指令执行任务,提供高效率的服务。

　　每家饭店的电话总机所提供的服务项目不尽相同,有些饭店的总机还负责播放背景音乐、播放闭路电视、接受客房和宴会的预订、提供聋哑人电话机等多项工作。

🏨 **行业来风**

**1.一分钟入住**

　　喜来登酒店集团最近在北美地区所有的喜来登酒店配备了一种设备,即"一分钟快捷入住"。该设备挂在墙上就像银行的ATM机一样,客人到了之后不用到总台,就在这个机器前把信用卡插进去,确认了之后马上显示房间种类,选好房间之后就能够获取房卡,一分钟就能进房间了。尽管这种方式目前还缺乏在国内推行的可行性,不过随着中国酒店劳动力成本逐年上升,类似这种机器取代人工的做法还是会渐渐推广开来。快捷入住节省了入住客人的时间成本、体力成本,大大方便了客人,提高了客人对酒店的满意度及忠诚度。另外对酒店而言,有利于酒店人员分工的调整,节省酒店人力成本。

### 2.免查房

很多客人都有这样的体会,当离开饭店退房结账时,总台收银员都要致电客房中心,要求检查客人的房间。客人一直要等查房结束后,才能办理结账手续。对许多常住饭店的客人来说,时间上的等待仅是抱怨的一个方面,有时心理上还会产生一种"被怀疑的焦虑感",使客人处于一种被审查的位置,让人很不舒服。正是基于以上的原因,很多饭店推出了"结账免查房"制度,即在客人退房时,对于房间消费,收银员以询问的方式取代查房的形式,以加快客人退房结账的速度,使客人有受尊重的感觉。

"免查房"这一做法目前在一些饭店试行,收到了良好的社会效果,但并不是所有饭店都适用,通常在一些高星级,且客源素质较高的饭店可以推广。

## 💡 思考练习

### 一、填一填

1. _____处于饭店与客人的中介桥梁位置上,是与客人接触最频繁的部门,对住店客人的有关信息资料进行保留、整理、归档,形成_____。

2.大堂的布局按区域来分,可划分为:正门入口处和客流线路、_____、休息区、_____等四大基本功能区。

3.旅行支票是一种_____、_____,也是汇款凭证,通常由银行、旅行社为方便国内外旅游者而发行。

4.许多饭店用_____的称谓来替代"大堂副理",或两者均设。商务中心又被称为_____。

### 二、判一判

(　　)1.前厅部的客账控制主要包括建账、记账、结账等一系列环节。

(　　)2.饭店的大堂酒吧虽然归属于前厅部,是营业服务性的场所,但也是供客人休息、等候、会友的地方。

（　　）3.折扣价是针对旅行社、航空公司等团体住店客人提供的优惠房价。

（　　）4."金钥匙"的服务哲学是：尽管不是无所不能，但一定要竭尽所能。

## 三、答一答

1.前厅部在饭店中的地位如何？

2.总台预订员应该如何受理客人的预订？

3.规范的行李存取服务有哪些具体要求？

4.大堂副理主要有哪些工作职责？

## 拓展课业

### 活动一：搜寻外币兑换币种

**活动目的**：知晓饭店外币兑换币种。

**活动形式**：搜索资料。

**活动任务**：1.浏览银行网页或去银行实地观察外币兑换告示牌，看看目前在我国可以兑换的外币有哪些。

2.比较各种外币与人民币的兑换牌价。

收获体会：_____

_____

教师评价：_____

_____

### 活动二：了解"金钥匙"

**活动目的**：深度了解饭店的"金钥匙"。

**活动形式**：搜索阅读资料，走访"金钥匙"。

**活动任务**：1.搜索有关"金钥匙"的资料，如浏览"国际金钥匙协会"中国区网站，了解国际"金钥匙"和中国"金钥匙"的发展历史和现状，深刻理解"金钥匙"的服务理念。

2.走访当地饭店的"金钥匙"，认识"金钥匙"徽章，体会其工作魅力。

收获体会：_____

_____

教师评价：_____

_____

# 项目三

# 住客房

管家工作是饭店工作中最辛苦的工作。客房管家们都是英雄。没有客房部,我们就没有东西可以销售。

客房是饭店的物质基础,是客人入住饭店时的主要活动场所,其服务活动也是饭店服务活动的主体。现代饭店服务功能的增加都是在满足客人住宿需要这一最根本、最重要功能的基础上的延伸。

 学习目标

1. 知晓客房、客房部在饭店中的地位和功能,能描述客房部的业务分工和组织机构。
2. 知晓客房的类型,能描述客房功能区域的划分。能够运用所学的知识合理布置客房。
3. 明白客房清洁卫生的重要性,知晓清洁卫生的程序及要点,知晓公共区域清洁工作的特点及内容。
4. 了解客房部对客服务的内容及要求。

## 任务一　认识饭店的"管家"

活动主题：初识客房部

活动步骤：1.客房部又被称为"管家部"，如何从"管家"的字面意思理解这个部门的工作？其又有何深层次的意义？

2.针对以上问题展开讨论，并相互交流。

**学习导读**

饭店是客人到达旅行目的地后寻求的主要设施，客人的首要需求就是对客房的需求。客房是客人在异乡的家。客房产品是饭店经营的主要产品，满足客人住宿的需求是客房部最重要的功能。

### 一、客房部的地位

客房部是饭店的主要部门之一，是饭店的"营收中心"，在饭店中占有重要的地位。

#### （一）客房部是饭店对客服务的基础部门

客房是饭店的主体，是饭店存在的基础。在饭店建筑中，客房占 70%~80%。客房满足了客人休息、睡眠、工作、会客等需要，客房部所提供的一系列服务是饭店服务的一个主要组成部分。客人如果将饭店当作家之外的"家"，那么客房部所提供的服务就是这个"家"最核心的服务。

#### （二）客房部是饭店取得经济收入的主要来源

饭店的经济收入主要来源于三个部分，即客房收入、餐饮收入、综合服务设施收入。其中客房部通过为客人提供住宿、洗衣等服务项目而取得经济收入，一般占饭店总收入的 50% 左右，收入稳定。从利润角度分析，客房经营成本比其他部门都小，所以说客房部是饭店取得经济收入的主要来源。

#### （三）客房部是饭店节约成本的重要部门

客房商品的生产成本在整个饭店成本中占据较大比重，其能源的消耗及低值易耗品、各类物料用品等日常消费较大。因此，客房部是否重视开源节流，是否加强成本管理、建立部门经济责任制，对整个饭店能否降低成本消耗，获得良好的收益起到至关重要的作用。客房部是饭店固定资产管理的主力，也是饭店降低物资消耗，节约成本的重要部门。

### （四）客房是饭店服务质量的重要标志

客房是客人在饭店逗留时间最长的场所，客人对客房更需要有"家"的感觉。因此，客房的卫生是否清洁，服务人员的服务态度是否热情、周到，服务项目是否周到、丰富等，对客人有着直接影响，是客人衡量"价"和"值"是否相符的主要依据。客房服务质量是衡量整个饭店服务质量的重要指标。

## 二、客房部的功能

客房部又称房务部或管家部（housekeeping），负责管理饭店有关客房的事务。客房部在饭店中的地位是由其特殊功能所决定的。

### （一）生产客房商品

客房是饭店出售的最重要的商品。完整的客房商品包含房间、设施设备、用品和客房综合服务。客房属高级消耗品，因此，布置要高雅美观，设施设备要完备、舒适、耐用，日用品方便安全，服务项目周到，客人财务和人身安全有保障。总之，要为客人提供清洁、美观、舒适、安全的暂住空间。

### （二）为饭店创造清洁优雅的环境

客房部负责饭店所有客房及公共区域的清洁卫生工作。清洁卫生是保证客房服务质量和体现客房价值的重要组成部分。饭店的良好气氛，舒适、美观、清洁、优雅的住宿环境，都是靠服务员的辛勤劳动来实现的。有些饭店客房部还设有花房，来提高客房的环境质量，满足客人享受美的心理需求。

### （三）为各部门提供洁净美观的棉织品

通常饭店的客房部设有布件房和洗衣房，负责各部门的布件（如客房内棉织品、餐厅棉织品）和员工制服的选购、洗涤、保管发放、缝补熨烫等，为饭店的对客服务提供保障。

---

 **资料链接**

 **客房产品的特点**

客房经营很大程度上决定了饭店经营的成败。客房产品具有以下特点：

1. 时效性。客房产品的时效性很强，如果全天此房间租不出去，那么，客房的价值就无法实现。即客房的价值具有不可贮存性。

2. 所有权固定。客房商品的特殊性主要表现在它是出租客房和提供服务，不会发生实物转移。客人付出房租而获得的仅仅是房间暂时的使用权和居住权，房间的所有权仍归饭店。

　　3.隐性服务为主。客房服务工作过程体现在客人到来之前或不在房内期间,注重场面的渲染,讲究服务过程中的"三轻",即"说话轻、走路轻、操作轻",使客人如同在自己的家里一样方便、称心。

　　4.情况多变,内容复杂。客房业务工作的内容零星琐碎,从客房的整理、补充物品、设备维修到客人的进店、离店,具有很强的随机性。同时,客人来自不同地域,所需所想事先都难以掌握,增加了客房业务的复杂性。

### 三、客房部的业务分工

　　不同性质、不同类型、不同规模的饭店,其客房部的组织结构不太一样。大、中型饭店客房部的组织结构一般如图 3-1 所示。

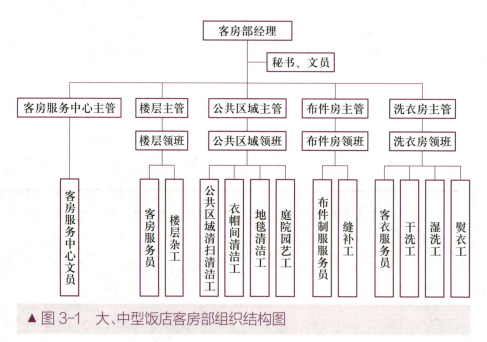

▲ 图 3-1　大、中型饭店客房部组织结构图

　　客房服务中心又称房务中心,设职员若干名,开设早、中、晚三个班次,主要负责统一安排、调度对住客的服务以及负责失物招领等事宜。不设房务中心的饭店,改设客房部办公室,主要负责处理客房部的日常性事务以及与其他部门联络、协调事宜。

　　客房楼层主要由各种类型的客房组成,与其他区域隔开。每一层楼面设有工作间,便于服务员工作。客房楼层服务员负责全部客房包括楼层、走廊的清洁卫生,同时还负责房间内用品的替换、设备的简单维修保养、为住客提供必要的服务。设立楼层服务台的饭店,在饭店的每一层楼面设立服务台,服务台的位置最好使当值服务员能看到整个楼层的走廊和出入口(包括电梯门),以便随时为客人服务并确保楼面的安宁。

公共区域通常设早、中、晚三个清洁组,早、晚两个公共洗手间清洁组及衣帽间(即员工更衣室)服务组。公共区域工作人员主要负责饭店外部区域(包括广场、花园、停车场、车道等)、内部区域(包括前台区域、后台区域)的清洁卫生。小型饭店则可缩短战线,保证前台区域质量,而将后台区域、饭店员工工作和生活的区域划归其他部门负责。

布件房又称"制服与棉织品房""布草房"。布件房主要负责饭店所有工作人员的工作服、餐厅和客房全部棉织品布件的收发、分类和贮存。

洗衣房负责洗送住客衣物,洗涤工作服和其他工作棉织品。洗衣房的归属,各家饭店有所不同:有的饭店的洗衣房归属于客房部;有的则成为一个独立的部门;有的饭店考虑到成本、场地等因素,其洗衣房业务是外包给社会上的洗衣公司或其他饭店负责的。

## 任务二　布置舒适的客房空间

活动主题:了解客房的各种类型和功能区域

活动步骤:1.分组参观本地饭店的客房或搜集整理各种客房的图片。

2.汇总客房的分类,划分客房的功能区域。

通过"观前厅"项目的学习,你可能已经发现客房有不同的类型和价格,为什么饭店客房会有多样化的设计呢? 其原因是:饭店对客源市场进行了细分和选择,同时考虑到自身的定位,既考虑客人需求,又兼顾饭店类型、档次和所处的地理位置等因素,布置了满足不同类型和档次的客人需要的住宿环境。

### 一、客房的类型

#### (一) 按房间数量划分

客房按房间的数量可分为单间房和套房两种。

1. 单间房

单间房一般指由一间面积为 16 ～ 20 平方米的房间、内部卫生间和其他附属设备组成的客房。

(1) 单人间(single room)。指放一张单人床(宽度不小于 1 米)的客房。单人间又称单人房，适合从事商务、旅游的一位客人入住，是饭店中最小的客房。

(2) 大床间(double room)。房内设一张双人床(宽度不小于 1.5 米)，一般适合夫妻旅游居住；新婚夫妇使用时，称"蜜月客房"。大床间也可供一位客人租用(图 3-2)。

(3) 双人间(twin room)。房内设有两张单人床，可住两位客人。带有卫生间的双人间，称为"标准间"(standard room)，一般用来安排旅游团体客人或会议客人入住。这类客房在饭店中占绝大多数。标准间客房净面积(不含卫生间)不小于 14 平方米；卫生间面积不能小于 4 平方米；标准间高度不能低于 2.7 米(图 3-3)。

▲ 图 3-2　大床间

▲ 图 3-3　双人间

(4) 三人间(triple room)。一般是房内设有三张单人床，供三位客人同时入住，属经济客房。目前，在旅游饭店中此类房间较少，多以在双人间加一张折叠床的方式以满足三人同住一间客房的要求。

2. 套房

套房是由两间或两间以上的客房构成的客房出租单元。根据其功能和室内装饰标准，套房又可以细分为下列三种：

(1) 标准套间(standard suite)。又称普通套间(junior suite)、双套间或家庭套间，一般由连通的两个房间组成，一间作为卧室(bedroom)，另一间作为会客室或起居室(living room)。卧室内设有一张双人床或两张单人床，并配有卧室家具设施、卫生间。由于它既可住宿，又有会客场所，适合全家人外出度假时入住或一般经商人员居住。

套间可用固定的分室隔离墙隔离，也可以用活动墙隔离。起居室在下，卧室在上，两者用楼梯连接的套间称双层楼间(duplex room)；而连接套房(connecting room)，即连通房，指两个独立的双人间，用中间的双扇门连通，一间布置成卧室，另一间布置成起居室，可作为套间出租。

需要时,仍可作为两间独立的双人间出租。但这种连通房中间的双扇门上均需安装门锁,关上时应具有密闭的效果和良好的隔音性能。

(2)高级套间(deluxe suite)。又称豪华套间,通常由卧室、会客室、卫生间、小厨房、餐室、办公室、陈列室、阳台等组成。卧室内设有大号双人床或特大号双人床,房间的装饰布置和设备用品华丽高雅。在饭店中,该类房间价格昂贵,数量不多。它代表饭店已具备豪华的级别,一般适合有经济实力的富商大贾和知名人士居住。

(3)总统套间(presidential suite)。又称总统房,一般由七八间房组成,包括总统卧室、总统夫人卧室、分用的男女卫生间、会客室(图3-4)、会议室、随员室、警卫室、书房、厨房及餐厅等。房间内设豪华家具、洁具、古董、工艺品等,有的还有室内花园。由于总统套房造价昂贵,房价高,所以该类房间的出租率低,它是衡量饭店级别的指标之一。

▲ 图3-4　总统套间的会客室

## (二)按客房位置划分

1.外景房(outside room)

外景房即窗户朝向大海、湖泊、公园或景区景点的客房。

2.内景房(inside room)

内景房即窗户朝向饭店内的房间。

3.角房(corner room)

角房即位于走廊尽头的客房。角房因形状比较特殊,装饰布局无法依照饭店标准进行。但因其打破了标准间的呆板,反而受到某些客人的青睐。

## (三)按满足客人个性化需求划分

按满足客人个性化需求划分,客房主要有商务房、高级行政房、淑女房、残障人士房、体育人士房等。必要时可设置专用楼层,如行政楼层、无烟楼层、女士楼层。

1.商务房(business room)

商务房(图3-5)是专为从事商务活动的客人设计布置的客房,一间为起居与办公室,另一间为卧室。有的在楼层上设有专门商务中心、商务洽谈室等,有的还为客人提供秘书和翻译服务,有效提高商务客人的办公效率。商务房越来越为商务客人所喜爱。

2.高级行政房(advanced administration room)

不同于一般的商务房,高级行政房主要的服务对象是企业高级管理人员、高级官员。跨国企业中的高级管理人员出差都有较高的住宿标准,并规定了最低消费金额和最低饭店星级以维护公司形象,长期外派的则有高额的住房补贴(依级别几千到数万美元不等),因此他们有很强的消费能力和需求,更加看重服务品质、时间效率。这类客房的房型、用品、环境等的设计较普通标准间要求更高。

### 3.淑女房（ladies room）

▲图3-5　商务房

淑女房是专为那些生活习惯有特殊或较高要求的女士设计的,要求环境温馨雅静,具有浪漫氛围。设计时应重点考虑:一是要有专用的化妆间(如房间面积许可)、化妆设施和用具;二是安装女用冲洗器;三是安装家用型SPA或牛奶温泉浴等设施,增加抱枕、抱垫、瑜伽健身毯等用品。

### 4.残障人士房（disabled room）

残障人士房的设计要同时考虑行走不便人士(包括老年人)和失聪失明残障人士的使用。其特殊性的设计有:选用合适的坐便器,旁边设置扶手架;卫生间紧急呼叫器的选用,要保证安全;卫生间电话、手纸盒位置的确定以方便客人取用为原则,可放在前方或侧前方;开关、电梯和电话按钮数字要凸起;设置高低不同的盥洗面台,水龙头变正前方为侧方;卫生间与就寝区的地面衔接处应变垂直为斜坡。另外,有关专家建议,残障人士房应取消地毯而改为铺设防滑木质地板,以方便轮椅行走。

### 5.体育人士房（sports room）

体育人士房主要是为了满足体育专业人士、体育爱好者的需求而设计的客房。整体上来说,该类客房的空间面积比标准间大一些,高度也较标准间略高,用具则适当简化但却更加结实耐用。有些饭店布置体育人士房时,会根据住客身高,适当增加床的长度;为高尔夫爱好者设置专用架放置杆具;供体育爱好者个人或熟人一起看球用的两间套房,在中间隔断上设置可360度旋转的大屏幕高清晰电视,在会客区多设置沙发等,使其既能在会客区也能在就寝区观看球类比赛和其他体育赛事。

相对而言,目前我国饭店普遍对行政房、残障人士房较为重视,但对如何满足其他客人的特殊需求的研究有待深入。对客户市场进一步细分,并设计相应的专用客房,有助于丰富饭店服务产品,形成系列化产品和饭店的个性化特色。

## 二、客房的功能布局与主要设施

客房是客人在饭店逗留期间的主要生活场所,这就要求饭店合理地设计客房的布局并配备相应的家具和设施设备,使客房具备能满足客人生活的各种功能。图3-6是饭店一般标准间的平面图。从图3-6中可以看出,标准间通常可划分为睡眠空间、盥洗空间、起居空间、书写和梳妆空间、贮存空间五部分。

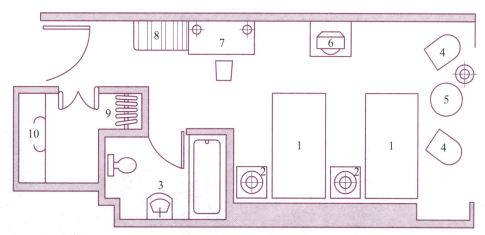

1.床　2.床头柜　3.卫生间　4.沙发　5.茶几　6.电视机　7.写字台　8.行李架　9.壁橱　10.小酒柜

▲ 图3-6　标准间空间区域及主要设备平面图

1.睡眠空间

（1）床。睡眠空间是客房最基本的空间，其中配备的最主要的家具是床。随着科学技术的发展，开始把一些新的技术引进到睡床的变革之中，使床的用途除了睡眠、休息之外，还具有消除疲劳、保健身体、促进睡眠，甚至有治疗某种疾病的功能，如按摩床、磁疗床、远红外线床、水床、摆床、冷床。

（2）床头柜。它的功能主要是满足客人在睡眠期间各种基本需要；上面通常放着一部电话、便纸条和一支铅笔，为客人通信联络提供便利。有的饭店还在床头柜上摆放晚安卡和常用电话号码卡。床头柜也称控制面板，柜上装有电视、音响、空调、顶灯和DND等设备开关，下面隔板上摆放一次性拖鞋和擦鞋纸。不过，客人在夜间对床头柜繁多的开关和按钮识别也感到了困难。为了解决这个问题，不少饭店已开始采用分区照明控制和在床头设置总开关控制的电气设备，既显示了客房的豪华程度，又给客人带来了方便。

2.盥洗空间

盥洗空间即浴室，又称卫生间。相邻的客房卫生间一般"背靠背"设置，目的是使相邻房间的两个卫生间可以共用一个排（供）水道，节省建设资金。卫生间的设计要注意宽敞、明亮、舒适、安全、方便、实用和通风。卫生间的主要卫生设备有浴缸、马桶、洗脸盆三大件。

目前，大部分客房卫生间设计是干湿区分开的，主要体现在豪华饭店的客房卫生间中，干区一般指正常的洗漱、化妆、剃须等相关功能区域；而湿区指马桶及淋浴、盆浴、蒸房等入浴方面的功能区域。在豪华饭店的客房卫生间中，由于功能考虑较全，面积大，因而能明显区分干湿区，但也有小卫生间能达到该要求，比如有的卫生间分成两部分，互不影响，也能达到干湿区分开的目的。

3.起居空间

起居空间应在标准间的窗前区。这里放置沙发、茶几（或小圆桌），供客人休息、会客等

（图3-7）。此外还可供客人在此饮茶、吃水果及简便进食。

4. 书写和梳妆空间

标准间的书写和梳妆空间是在床的对面，沿墙设置一长条形的多功能柜桌，一般包括电视机柜、行李架、写字台（图3-8）。

▲图3-7 客房起居空间

▲图3-8 行李架、电视机柜

5. 贮存空间

贮存空间主要指设在房门进出小过道侧面的壁橱和与其紧靠的小酒柜。

（1）壁橱。壁橱设在客房入口的小过道内侧，便于客人在离开饭店时检查橱内东西是否取完。橱门可以用推拉门，也可用折叠门。壁橱内应有照明灯，采用随门开启而亮的照明灯是节约用电、方便客人的一种举措。高星级饭店的壁橱内通常配有私人保险箱、电熨斗和熨衣板、西装衣撑和衣架、鞋箱、雨具、应急手电筒等物品。

（2）小酒柜。酒柜上层摆放烈性酒、酒具、茶水具以及小吃食品，下层为贮存饮料的小冰箱，供客人饮用，同时还可留出一定的面积，供客人摆放自己的物品。为满足客人不同的饮水习惯，酒柜上通常摆放有电热水壶、冰块壶等。

除了上述不同空间的设计和相关物品配备外，客房内还配有房门安全装置、消防装置（如烟感器、花洒）、空调等设施设备。

 **资料链接**

 客房用品配置的原则

为了满足客人在客房中生活的需求，饭店在客房中除配备各种家具、设备外，还应配置各种用品，供客人使用。同时，在配置各种用品的过程中，要遵循以下原则：(1)体现对客人的尊重；(2)具有宣传销售的作用；(3)体现客房设置的整体性；(4)物品摆放具有协调性。

饭店标准间客房必须具备以上功能,才能满足客人住宿的基本要求。而套房则是分别用专设的房间来各司其职,或具有某主要功能同时兼顾其他功能,如标准套间是一间做卧室,另一间做起居室。在五间以上的套房里,可分别承担其主要功能,如卧室、卫生间、起居室、书房、餐室。

 **资料链接**

 **"六小件"**

"六小件"指饭店为客人提供的 6 种一次性用品,包括牙刷、牙膏、香皂、浴液、拖鞋、梳子。实际上,目前饭店提供的洗漱用品已突破"六小件"的数量,还包括洗发水、浴帽等。一般来说,这些物品利用率低,不仅回收处理困难,而且还有污染环境之嫌。因此,近年来众多饭店倡导取消"六小件"。上海文化和旅游局规定,从 2019 年 7 月 1 日起,上海旅游住宿业将不主动提供牙刷、梳子、剃须刀、鞋擦、浴擦、指甲锉这 6 件一次性日用品。北京市规定从 2020 年 5 月 1 日起,市内饭店也不提供以上一次性日用品。

 你如何看待饭店倡议取消"六小件"?

## 任务三　进行细致的清洁保养

活动主题:了解客房清洁保养岗位和服务流程

活动步骤:1.假设自己将入住某饭店,你会注意到哪些方面的卫生?

2.就问题进行小组讨论。

3.汇总列出清洁保养的要求。

**学习导读**

客房的清洁保养是客房部的主要任务之一。这项工作的基本目标:一是搞好清洁卫生,即去除尘土、油垢、杀菌消毒,以保持客房清新的环境;二是更换添补客房用品,为客人提供一个舒适、方便的"家";三是维护保养,保证并延长客房设施设备的使用寿命,满足客人对客房产品质量的要求,增加客房的利润。

 **学习内容**

### 一、客房清洁

#### （一）客房日常清洁内容

**1.物品整理**

服务员要按照饭店规定和统一要求,整理和铺设客人使用过的床铺,整理客人放乱的物品、用具,以及整理客人使用过的饭店衣物(如睡衣、拖鞋)。一般不整理客人放置的私人用品和衣物。

**2.打扫除尘**

打扫除尘包括用扫把清扫地面,用吸尘器吸地毯、沙发上的灰尘,用抹布擦拭门、窗、桌柜、灯罩、电视机等各种家具设备,以及倒掉垃圾桶里的垃圾。

**3.擦洗卫生间**

擦洗卫生间包括擦洗脸台(图3-9)、马桶、浴缸、水龙头等卫生洁具,擦洗四周瓷砖及地面,擦亮镜面及各种金属挂杆。

**4.更换及补充用品**

服务员要按要求更换床单、床垫、枕套、面巾、手巾、浴巾、脚垫巾等棉织品,补充文具用品、茶叶、卫生纸、肥皂、淋浴液、牙膏、牙刷等供应品。

**5.检查设备**

检查设备包括检查水龙头、马桶等设备能否正常工作,检查灯具、电视机、音响设备、电话机、电吹风等电器设备的用电安全指数和性能是否正常,检查家具、用品等是否有损坏。

▲ 图3-9　洁净的洗脸台

#### （二）客房清扫的基本方法

（1）从上到下。擦拭衣柜时应从衣柜上部擦起,逐渐向下擦。

（2）从里到外。特别是最后的吸尘和检查工作,由里到外工作既能保证整洁,又可防止遗漏。

（3）先铺后擦。房间清扫应先铺床,后擦拭家具物品。如果先擦拭尘土,后铺床而扬起的灰尘会重新落在家具物品上。

（4）环形清理。家具物品的摆设是沿房间四壁环形布置的,因此在清洁房间时,亦应按顺时针或逆时针方向进行环形清扫,以追求时效和避免遗漏。

（5）干、湿分开。擦拭不同的家具设备及物品的抹布，应严格区别使用。例如，房间的灯具、电视机屏幕、床头板等只能使用干抹布，以避免污染墙纸和发生危险。

（6）先卧室后卫生间。卫生间清洁是带水操作，清洁后服务员的鞋下可能有水渍，后清扫可以避免因在房间走动造成重复污染。

（7）注意墙角。墙角往往是蜘蛛结网和尘土积存之处，也是服务员容易忽视的地方，需要留意打扫。

▲ 图 3-10　客房清洁工作车

客房清洁工作车如图 3-10 所示。

 服务员在进行客房清洁时，应准备几块抹布？

### （三）客房清洁的质量控制

客房部要对客房清洁保养工作进行质量控制，首先必须制定一套标准。有了标准才能使质量控制有章可循、有据可依。制定质量标准时，要以本饭店的经营方针和市场行情为依据，而不能简单照搬别人的东西。力求所制定的标准符合本饭店的实际情况，符合科学管理的要求，并有可操作性。

1.客房清洁质量保证的内容

（1）客房清扫整理的次数。按大多数饭店的传统做法，一般住客房每天清扫整理三次，即上午全面清扫整理、午后简单整理、晚间夜床服务。一般来说，客房清扫整理的次数与此项工作所投入的费用是成正比的，次数越多，费用就越高。但是，确定客房清扫整理的次数，要综合考虑各种因素，不能顾此失彼、因小失大，要以满足客人需要为原则。

（2）布置规格。指客房的布置要求。客房内所配置的设备和用品在品种、数量、规格、质量以及摆放的位置和形式等方面都应有统一的要求，做到规格一致、标准一致。很多饭店都用表格和图片的形式来规定和解释这一标准，使标准更容易被员工理解和执行。

（3）工作定额。客房的清洁保养工作通常实行定额管理，即规定各类客房的清扫整理工作的时间消耗标准或者规定客房服务员所承担的客房清洁整理的工作量。实行定额管理，有利于提高工作效率，保持良好的工作状态，保证应有的质量标准。在制定客房清洁整理工作的定额标准时，要综合考虑各种因素，力争使定额标准先进合理。

（4）操作程序。操作程序是人们在长期的工作实践中总结出来的一套标准。按操作程序操作，能够使工作有条不紊，避免时间和体力的浪费，增加操作的安全性，同时，也便于管理人员对工作过程的检查和控制。客房清洁保养工作的操作程序主要包括各种具体工作的操作步骤、标准做法和注意要点等内容。

（5）检查制度。

① 服务员自查。客房服务员在每次客房清扫整理完毕后，都应进行自我检查，防止疏漏和差错。自查以后再报上级督导人员检查。这种做法有利于加强员工的工作责任心，提高工作的合格率，减轻上级督导人员的工作量，可以充实、丰富员工的工作内容，促进工作环境的和谐与协调。

② 领班检查。通常领班要对所管辖区域的客房进行全面检查，以确保客房清洁保养的质量。领班有权决定客房是否合格。所以领班的责任重大，须由训练有素的员工担任。

③ 主管抽查。由于主管所管辖的范围比较大，客房数量比较多，所以主管通常只对客房进行抽查，抽查的数量一般不得少于其所管辖客房的 10%。抽查一方面可以了解基层员工的工作情况；另一方面是对领班工作的一种监督和考察。

2.客房清洁卫生标准

客房清洁卫生标准，一般包括两个方面：一是感官标准，即客人和员工凭视觉、嗅觉等感觉器官感受到的标准；二是生化标准，即防止生物、化学及放射性物质污染的标准，该标准往往由专业卫生防疫人员来做定期或临时抽样测试与检验。

（1）感官标准。关于感官标准，客人与员工、员工与员工之间看法都不尽相同。要确定好这一标准，只有多了解客人的需求，从中总结出规律性的东西。不少饭店将其规定为"十无"和"六净"。

 **资料链接**

 **客房清洁的"十无"与"六净"**

"十无"——四壁无灰尘、蜘蛛网；地面无杂物、纸屑、果皮；床单、被套、枕套表面无污渍和破损；卫生间清洁，无异味；金属把手无污锈；家具无污渍；灯具无灰尘、破损；茶具、冷水具无污痕；楼面整洁，无"六害"（指老鼠、蚊子、苍蝇、蟑螂、臭虫、蚂蚁的危害）；房间卫生无死角。

"六净"——四壁净；地面净；家具净；床上净；卫生洁具净；物品净。

（2）生化标准。包括洗涤消毒标准、空气卫生质量标准、微小气候质量标准、采光质量标准、环境噪声允许值等。例如，根据相关卫生质量标准规定，茶水具每平方厘米的细菌总数不得超过 5 个，卫生间不得查出大肠杆菌群，空气中一氧化碳含量每立方米不得超过 10 毫克，夏天的室内温度为 22 ~ 24℃。

### 案例选读

#### 顺手扔的纸条

在北京某四星级饭店的客房部，实习生服务员小刘正在清扫一间走客房。小刘看到客人的行李已经全部收拾好，整齐地摆放在行李架上便开始去收垃圾。她看到床头柜上有一张皱巴巴的便写纸，就认为是客人不要的废纸，于是顺手丢进了垃圾袋。下午，那个尚未离店的客人急匆匆地找到小刘说："服务员，你有没有看到一张记有电话号码的便写纸？那个电话号码对我很重要。"小刘一听就傻了眼。"对不起，我马上去找。"小刘边说边来到工作车的垃圾袋旁，翻了半天，终于找回了客人记有重要电话号码的便写纸。由于及时找到，没有耽误太多的事，客人也没有再责怪小刘。

### （四）住客房小整理及开夜床服务

#### 1.小整理服务

小整理服务是在住客外出后，客房服务员对其房间进行简单的整理。作用是让客房经常处于干净整洁的状态，使客人回房时有一种清新舒适的感觉。小整理服务是饭店优质服务的一个方面，各饭店应根据自己的经营理念和房价层次，提供该项服务。

#### 2.开夜床服务

开夜床服务（图 3-11）是对住客房进行晚间就寝前整理，又称"做夜床"或"晚间整理服务"。开夜床服务是一种高雅而亲切的对客服务，其作用主要是方便客人休息，整理干净使客人感到舒适，表示对客人的礼遇规格。开夜床服务的主要内容包括做夜床、房间整理、卫生间整理三项服务。开夜床服务通常在 18 :00 以后开始，也可在客人到餐厅用晚餐时进行，或按服务台的要求进行。

▲ 图 3-11　开夜床服务

### 资料链接

 **饭店的特色开夜床服务**

　　开夜床服务是体现饭店细节服务的一个好途径。除了清洁整理房间、翻起一侧被角、放置拖鞋在床边、平铺防滑垫在浴缸内等常规内容外,有些饭店的开夜床服务还为客人提供水果、鲜花,在床头柜或床上放置巧克力、小玩偶等礼品,以示温馨。有的饭店还在 VIP 房卫生间的马桶中放入玫瑰花瓣,增添浪漫气息。

## 二、客房计划卫生

　　为了保证客房清洁保养工作的质量,不仅要重视日常的清洁整理,还应重视客房的计划卫生。坚持日常卫生和计划卫生工作相结合,不仅省时、省力,还能有效地延长客房设备和用品的使用寿命。

### (一) 计划卫生的意义

　　客房的计划卫生指在做客房的日常清洁卫生的基础上,拟订一个周期性清洁计划,采取定期循环的方式,将客房中平时不易清扫或清扫不彻底的地方全部清扫一遍。

　　1.保证客房的清洁卫生质量

　　客房服务员每天的清洁整理工作的工作量比较大。例如,一个卫生班服务员的工作量,每天平均 10 ~ 12 间,到了旅游旺季,数量会更多。所以,对客房的某些部位,像通风口、排气扇、天花板、门窗玻璃、窗帘、床罩等,不可能每天清扫或彻底清扫。为了保证客房的清洁卫生质量标准,使客人不仅对客房那些容易接触部位的卫生感到满意,而且对客房的每一处卫生都放心,同时又不致造成人力浪费或时间紧张,客房部必须定期对清洁卫生死角或容易忽视部位进行彻底的清扫整理,以保证客房内外环境的卫生质量。

　　2.使客房设施设备有良好的状态

　　不论客房楼层还是饭店的公共区域,有些家具不需要每天都进行清扫整理,但又必须定期进行清扫保养。例如,每半个月对房间空调的出风口清洁一次,每季度对地毯进行彻底清洗等,以维护客房家具的良好状态,保证客房的正常运转。

### (二) 实施客房计划卫生

　　计划卫生的内容及时间安排,各饭店要根据自己的设施设备情况和淡旺季进行合理的安排。

## 1.周计划卫生

除日常的清扫整理工作外,规定一周的七天,每天对不同部位或区域进行彻底的大扫除。客房计划卫生日程表如表3-1所示。

**表3-1　客房计划卫生日程表**

| 日期 | 星期一 | 星期二 | 星期三 | 星期四 | 星期五 | 星期六 | 星期日 |
|---|---|---|---|---|---|---|---|
| 日程安排 | 门窗玻璃 | 墙角 | 天花板 | 阳台 | 卫生间 | 通风口排气扇 | 其他 |

## 2.季节性大扫除或年度大扫除

这种大扫除不仅包括家具,还包括设备和床上用品。一个楼层实行该计划通常要一个星期,因而通常在淡季进行。客房部应和前厅部、工程部取得联系,以便对某一楼层进行封房,维修人员对设备进行定期检查和维修保养。

## 3.楼层周期性计划卫生项目

客房部清洁的区域和内容繁多,除了以上提到的周计划卫生、季节性大扫除或年度大扫除外,还要重点对楼层的各类设施设备及用品进行周期性的清洁。表3-2是某饭店的楼层计划卫生项目及时间安排表。

**表3-2　楼层计划卫生项目及时间安排表**

| 每天 | 3天 | 5天 |
|---|---|---|
| • 清洁地毯、墙纸污垢<br>• 清洁冰箱,打扫灯罩上的灰尘<br>• (空房)放水 | • 地漏喷药(长住逢五)<br>• 用玻璃清洁剂清洁阳台、房间窗玻璃和卫生间镜子<br>• 用鸡毛掸清洁壁画 | • 清洁卫生间抽风机机罩<br>• 清洁(水洗)吸尘器保护罩<br>• 员工卫生间水箱虹吸、磨洗地面 |
| **10天** | **15天** | **20天** |
| • 空房马桶水箱虹吸<br>• 清洁走廊出口风<br>• 清洁卫生间抽风主机网 | • 清洁热水器、洗杯机<br>• 冰箱除霜<br>• 用医用酒精板球棉球清洁电话机<br>• 清洁空调出风口、百叶窗 | • 清洁房间回风过滤网<br>• 用擦铜水擦家具、房间指示牌 |
| **25天** | **30天** | **季度** |
| • 清洁制冰机<br>• 清洁阳台地板和阳台内侧<br>• 喷塑面<br>• 墙纸、遮光帘吸尘 | • 翻床垫<br>• 擦拭消防水龙头和喷水枪及胶管<br>• 换保护床垫 | • 干洗地毯、沙发、床头板<br>• 干(湿)洗毛毯<br>• 吸尘器加油(保养班负责完成) |

续表

| 半年 | 一年 | |
|---|---|---|
| • 清洁纱窗、灯罩、床罩△ | • 清洁遮光布△<br>• 红木家具打蜡<br>• 湿洗地毯(2、3保养班负责完成) | |

注:标注△项目由财产主管具体计划、组织财管班完成,注意与楼层主管在实际工作中协调。

### 三、公共区域卫生

饭店是为公众提供食、住、行、游、购、娱等服务的场所,除了住店客人之外,非住店的开会、用餐、购物甚至参观游览的人也常常在饭店公共区域停留,人们习惯根据饭店公共区域是否整洁来评判饭店的规格与服务水平。因此,饭店公共区域面临的评判者比客房区域更多,其工作质量的好坏,对饭店美誉度的创造具有极大意义。

#### (一)公共区域的清洁范围

饭店的公共区域,英文为 public area,简称为 PA,故将公共区域称为 PA 区。凡是公众共有共享的活动区域都可以被称为公共区域。

饭店公共区域分为饭店外部和饭店内部两个区域。饭店外部区域即饭店外围,它包括广场、停车场、绿化地带、屋顶、外墙、广告的橱窗或栏(牌)、车道等。饭店内部区域分为前台区域和后台区域。前台区域指专供客人活动而设计的场所,如大堂、门厅、休息室、康乐中心、餐厅和客用洗手间,后台区域即为员工划出的工作和生活的地方,如员工更衣室、员工餐厅、员工活动室、员工电梯、员工通道。以上这些区域和地方均是客房部 PA 工作组的清洁对象。

#### (二)公共区域清洁卫生的特点

公共区域清洁卫生,与客房清洁卫生相比,由于其在饭店中所处的位置不同,所使用的对象不同,故有自己的特点。了解这些特点是做好公共区域清洁卫生的前提。公共区域清洁卫生的特点主要表现在以下三个方面。

1. 众人瞩目,要求高,影响大

饭店的公共区域是人流过往频繁的地方,只要到饭店来,任何人都能接触到饭店的公共区域。可以说,饭店的公共区域是饭店的门面,很多人对饭店的第一印象都是从饭店的公共区域获得的,这种印象往往影响着他们对饭店的选择。例如,有的人原计划来住宿或者用餐,但他们进入饭店后却看到大厅不清洁、不卫生、设备用品不好。在这种情况下,除非因某种因素而迫不得已、别无选择,否则客人是不会在此住宿、用餐或进行其他活动的。因此,饭店必须高度重视公共区域的清洁卫生保养工作,以此为饭店添光加彩,增强饭店对公众的吸引力。

2. 范围大,情况多变,任务繁杂

饭店的公共区域范围大,场所多,活动频繁,情况多变,因此,清洁保养工作的任务也就非常繁杂,而且有些工作是难以计划和预见的。人数多少、活动安排、天气变化等多种情况都可能带来额外的任务。

3.专业性较强,技术含量较高

饭店公共区域的清洁保养工作,与其他清洁保养工作相比,技术含量较高。由于工作时所使用的设备、工具、用品和所清洁保养的设施设备和材料等种类繁多,所以服务员必须掌握比较全面的专业知识和熟练的操作技能,才能胜任这些工作。

## 任务四　提供温馨的客房对客服务

 活 动 导 入

活动主题:了解客房对客服务的内容和流程

活动步骤:1.假设自己将入住某饭店,思考需要哪些客房服务。

　　　　　2.就问题进行小组讨论。

　　　　　3.汇总列出对服务项目的需求和对服务质量的要求。

### 学 习 导 读

对客服务是构成客房产品的重要因素。客人在住店期间,不仅要求客房清洁,还要求服务人员在面对面提供各种符合情理的服务过程中,保障其在饭店的隐私权利,能够获得一种安全、舒适、宾至如归的感受,且在离开饭店的时候,还会自然产生一种被饭店所吸引的依依惜别之情,得到精神上的超值体验。因此,向客人提供有效的亲切的服务,已成为一家饭店成功的"秘诀"所在。

### 学 习 内 容

#### 一、对客服务的两种模式

由于受不同设施设备和人力条件的限制,各国饭店业分别采用了不同的对客服务模式。国外饭店采用客房服务中心模式居多,而我国过去多采用楼层服务台的形式。由于前者注重用工效率和统一调控,后者突出面对面的专职对客服务,因而在客房部的岗位设置和人员配备量上是有较大区别的。各个饭店应根据自身的条件和特点,选择适宜的服务模式和组织结构形式。目前,我国的高星级饭店也多采用客房服务中心模式。

#### (一) 客房服务中心模式

为了使客房服务符合以"暗"的服务为主的特点,保持楼面的安静并尽量少打扰客人,客

房服务中心的服务模式首先在我国中外合资饭店出现,然后在其他饭店逐步推广。客房楼层不设服务台和台班岗位,而是根据每层楼的房间数目分段设置工作间。客房服务中心工作间形式上是不对外的,也不承担接待的任务。客人入住时由行李员直接引领客人进房间,房卡的管理也是由前厅部的问讯处负责。客人需要找服务员时,可以拨内线电话通知客房服务中心,由客房服务中心调度并通知服务员服务客人。图3-12是客房中心计算机显示的房态。

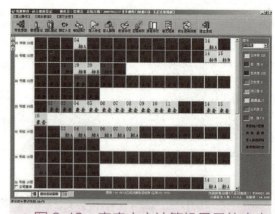

▲ 图3-12    客房中心计算机显示的房态

### (二)楼层服务台模式

饭店客房区域各楼层的服务台称为楼层服务台或楼面服务台(图3-13)。它发挥着前厅部总台在楼面办事处的职能,24小时设专职服务员值班,服务台后面设有供客房服务员使用的工作间。楼层服务台受客房部经理和楼层主管的直接领导,在业务上同时受饭店总服务台的指挥。

▲ 图3-13    楼层服务台

**想一想**  楼层服务台和客房服务中心这两种对客服务模式各有何优缺点?

### (三)服务模式的选择依据

首先,考虑本饭店的客源结构和档次。如果客源结构是外宾、商务散客占绝大多数的话,则可以采用客房服务中心的模式;如果饭店以接待会议团队客人为主,且又以国内客人占绝大多数,采用楼层服务台的模式更合适。如果客源构成比较复杂,则可以考虑将两种模式结合起来,比如白天设楼层服务台,晚上由客房服务中心统一指挥协调,只是应在服务指南中向客人说明。

其次,考虑本地区劳动力成本的高低。经济发达地区劳动力成本较高,饭店采用客房服务中心的模式相对比较多;反之,则采用楼层服务台模式的比较多。当然这样的情况也不尽然,在有些大城市的豪华饭店里,由于当地劳动力市场的原因,这些饭店大量雇用了内地外来务工人员,由于劳动力成本比较低,又能保持高档的人工服务,因此,这些饭店仍采用了楼层服务台的模式。

### 二、对客服务

对客服务是满足入住客人普遍的、重复的、有规律的基本需求的日常服务工作,是向客人承诺的并在客房服务项目中明文规定的服务。对客服务要做到仔细、齐全、便利和完好。对客服务一般分为迎客准备工作、客人到店迎接工作、客人住店期间的服务工作和客人离店时的服务工作四个环节。

（一）迎客准备工作

客人到达前的准备工作，是接待服务过程的第一个环节，要求做到充分、周密和准确，并在客人到达饭店前完成，才能为整个楼层接待工作的顺利进行奠定良好的基础。

1. 了解情况

客房服务员接到总台传来的接待通知单后，应详细了解客人到店和离店的时间、人数、国籍和身份；了解接待单位、客人生活标准要求和收费办法；还须了解客人的宗教信仰、风俗习惯、健康状况、生活特点、活动日程安排等情况，做到情况明、任务清。

2. 布置房间

要根据客人的风俗习惯、生活特点和接待规格，调整家具设备，配齐日用品，补充小冰箱的食品饮料。对客人宗教信仰方面忌讳的用品要暂时撤换，以示对客人的尊重。房间布置完，还要对室内家具、水电设备及门锁等再进行一次全面检查，如果有损坏失效的，要及时维修或更换。

（二）客人到店迎接工作

客人到达客房楼面时，由于长途旅行的疲劳，急于想要安静地休息。因此，与过去相比，客人到达楼层的迎接服务已大大简化，充分体现了饭店处处为客人着想的宗旨。

1. 热情迎宾

客人走出电梯，服务员应微笑问候。无行李员引领时，服务员应帮助客人提拿行李至客房，介绍房内设施设备的使用方法。

2. 分送行李

分送行李主要指分送团体客人的行李。由于团体客人的行李常常不与客人同时到达饭店，因此，行李的分送方式有所不同。先到的行李由行李员送到楼层，排列整齐，由楼层服务员核实件数，等客人临近到达，再按行李标签上的房号逐一分送。若发现行李标签遗失或房号模糊不清时，应暂时存放。待客人到达时，陪同客人认领。后到的行李，则由行李员负责分送到房间。

（三）客人住店期间的服务工作

客人住店后，可能会有各种服务需求。客房服务员要承担大量琐碎的、看起来很不起眼的工作。但是"饭店服务无小事"，这些事若做不到、做不好，就会影响对客服务质量，甚至影响饭店形象。

1. 整理房间

客人住宿期间，要经常保持客房整洁。清洁卫生工作要做到定时与随时相结合，每天上午按照程序进行彻底清扫和整理；午餐前进房保洁；午休后进房简单整理；晚饭后进房开夜床；客人外出后可随时进房进行简单的清扫等。当然，客房的整理次数和规格，各饭店要按自己的档次和客人接待规格来进行。

**2.茶水服务**

目前,多数饭店客房除了配备电热水壶或饮水机外,还免费提供瓶装纯净水、茶叶、咖啡等,客人可按需进行自助服务,但服务员要每天做好对电热水壶、杯具等的清洁保养工作,以及茶叶、饮品等的配备工作。

**3.小酒吧服务**

为了方便客人在房间享用酒水饮料,同时又增加饭店客房收入,中高档饭店的客房必须配备小冰箱(图 3-14)或小酒吧(图 3-15),存放一定数量的饮料和干果,供客人自行取用。收费单放在柜面,一式三联,上面注明各项饮料食品的储存数量和单价,请客人自行填写耗用数量并签名。

▲ 图 3-14　小冰箱

▲ 图 3-15　小酒吧

**4.访客接待服务**

楼层服务员对来访客人的接待,应该像对待住客一样热情礼貌。在征得住客同意后,引领来访者进房间。访客常常是饭店产品潜在的购买对象或者对住客有相当大的影响力。如果忽略对访客的服务,必会引起双方客人的不快,影响其对饭店服务的总体印象,甚至会导致住客搬出饭店另寻居所。

**5.洗衣服务**

客人在饭店居住期间,可能会需要饭店提供洗衣服务,尤其是商务客人和因公长住的客人。洗衣服务分为水洗、干洗和熨烫三种;时间上分为正常洗和快洗两种。正常洗多为上午交洗,晚上送回;如下午交洗,则次日送回。快洗不超过 4 小时便送回,但通常要加 50% 的加急费。

**6.擦鞋服务**

客房内通常备有擦鞋纸,方便客人擦鞋。有些饭店还在大堂或其他地方配有擦鞋机。但真正的擦鞋服务指人工免费擦鞋。在设擦鞋服务的饭店,客房壁橱中放置了标有房间号码的鞋篮,并在服务指南中告之客人。客人如需要擦鞋,可将鞋放在篮内,于晚间放在房间门口,由夜班服务员收集到工作间,免费擦拭,完毕后送回客房门口。

**7.对客租借物品**

客人要求租借物品时,要仔细询问客人租用物品的时间,将物品准备好送到客人房间,请客人在租借物品登记表上签名,客人归还物品时做好详细记录。

8.托婴服务

托婴服务也称保姆服务,是为外出活动办事的住客提供短时间的照管婴幼儿的有偿服务。这项服务在中国饭店业兴起的时间不长,很受长住客和度假客人的欢迎。托婴服务责任重大,绝不能掉以轻心。凡是担负此项工作的人员必须有责任心,正直可靠,受过专门训练,掌握照管婴孩的基本知识和技能,并略懂外语。

### (四) 客人离店时的服务工作

1.客人离店前的准备工作

(1)掌握客人离店的准确时间。

(2)检查代办事项,看是否还有未完成的工作。

(3)征求即将离店客人意见,并提醒客人检查自己的行李物品,不要遗漏。

2.送别客人

(1)协助行李员搬运客人行李。

(2)主动热情地将客人送到电梯口,代为按下电梯按钮,用敬语向客人告别。

(3)对老弱病残客人,要由专人护送。

3.善后工作

(1)迅速进房仔细检查。如有遗留物品,立即派人追送。来不及送还的,交客房中心登记处理。同时,还应检查客房设备和用品有无损坏和丢失。如发现损坏和丢失现象,应及时报告主管。

(2)处理客人遗留事项。有些客人因急事提前离开房间,会委托服务员替其处理一些遗留事项,如客人来访、给有关单位打电话等。服务人员一定要一丝不苟地替客人办理好这些事情,体现善始善终的对客服务态度。

(3)迅速整理、清洁客房。

(4)填写房务报告表。

 **资料链接**

 **床头柜上的牛奶**

客房服务员小王接连两天发现828房间的客人床头柜上都摆放一个牛奶盒子。她想可能是客人夜晚入睡前需要饮用牛奶才能入眠。到了晚上做夜床时,她主动为客人摆放了一盒同一品牌的牛奶。晚上客人回房后,惊喜万分,马上打电话向饭店表示感谢,非常满意饭店细致、温馨的服务。

### 行业来风

#### 1.贴身管家

近些年在国内一些高星级饭店兴起一个新岗位——"贴身管家",英文称 butler。"We'll try our best to do almost anything that is legal for you"是"贴身管家"的服务理念。它源于英国早期贵族家庭中的管家服务,后来在东南亚一些高星级饭店流行起来,如今已经演变成今天的"贴身管家"服务。所谓"贴身管家"服务,实际上是一个更专业化、私人化的高档次饭店服务,就是把饭店当中分项的服务集中到一个高素质的服务人员的身上,为客人提供个性化服务。在西方国家几乎每个高星级的大饭店都有贴身管家,在国际饭店市场,管家式服务已经成为高星级饭店体现高品位、个性化服务的象征,成为国际饭店业竞争发展的主流趋势。英国专业管家行会会长兼董事长罗伯特·沃特森先生说过:"管家服务是管家协调所达成的无缝隙的服务,是实现客人高度满意的服务途径。"

#### 2.行政楼层

行政楼层客房的家具、日用品等都非常高档,室内装饰也极其豪华。住宿客人一般是高级别的行政官员、金融大亨、商业巨子或其他社会名流。行政楼层一般处于最高楼层,设有专用的大厅(内有休息室、洽谈室、餐厅等),入口处设有接待吧台,为客人提供开房、退房、复印、打印、咨询等服务,每间客房的面积一般不少于30平方米,客房内一般都配有可供上网的计算机、传真机,并在写字台上设有电话机等。在一些饭店内,要到行政楼层,必须持有该层楼的房卡,在电梯里刷房卡,电梯才能在行政楼层停下。

#### 3.业务外包

业务外包的概念最早由普拉哈拉德与哈默尔在1990年正式提出,意为企业将一些非核心的、次要的或辅助性的功能或业务包给外部专业服务机构,利用它们的专长和优势来提高整体效率和竞争力,利用外部资源来完成组织自身的再设计和发展,而自身仅专注于具有核心竞争力的功能和业务。目前,不少饭店将布草清洗、外墙清洗、绿化、除"六害"等工作外包给店外专业公司或机构进行。

### 思考练习

**一、填一填**

1.客房部又称＿＿＿＿＿＿＿＿或＿＿＿＿＿＿＿＿,负责管理饭店有关客房的事务。

2.＿＿＿＿＿＿＿＿空间即浴室,又称＿＿＿＿＿＿＿＿。

3.夜床服务又称为"做夜床"或_____,主要内容包括做夜床、房间整理和_____三项服务。

4.洗衣服务可分为水洗、_____和_____三种;时间上分为正常洗和_____两种。

## 二、判一判

(　　　)1.在饭店建筑中,客房一般占 50%~60%,可见,客房是饭店组成的主体。

(　　　)2.标准间客房净面积(不含卫生间)不小于 16 平方米。

(　　　)3.一般来说,客房清扫整理的次数与此工作所投入的费用是成正比的。

(　　　)4.目前,我国的高星级饭店多采用楼层服务台模式。

## 三、答一答

1.客房在饭店中的地位如何? 客房部有哪些功能?

2.公共区域清洁卫生的特点主要表现在哪些方面?

3.客房服务员在客人住店期间主要提供哪些服务工作?

## 拓展课业

### 活动一:让我的家变得更整洁

活动目的:体会清洁工作的认真、细致、周到等要求。

活动形式:身心投入地对自己的家或宿舍进行一次大扫除。

活动任务:1.了解客房清洁工作的特点和要求。

　　　　2.对自己的家或宿舍彻底地做一次卫生和整理,使之变得更整洁、舒适。

　　　　3.对照先前的状态,看看在哪些方面取得了令人欣喜的进步;对照饭店客房清洁要求或标准,检查还存在哪些不足,分析这些进步或不足的原因是什么。

　　　　4.体会态度、体能、辛劳在工作中的作用。

收获体会:_____

_____

教师评价:_____

_____

### 活动二:让我服务别人

活动目的:体会服务工作的仔细、齐全、便利、完好等要求,培养服务意识。

活动形式:真诚为家人、同学、学校或社区提供针对性的服务。

活动任务:1.回顾客房服务的内容和要求。

2.观察或了解家人、同学、学校或社区有什么与所学内容相关的服务需求,针对性或创造性地为他们提供力所能及的服务。或做一名志愿者,服务社会。

收获体会:_____

_____

教师评价:_____

_____

# 项目四

# 品餐饮

餐饮是一种旅游资源。

"民以食为天",饮食是满足人类生存的最基本活动。饭店餐厅通过出售菜肴、酒水及相关服务来满足客人的饮食需求。饭店餐饮产品集中体现了一个地区的民风民俗、文化传统、历史沿革乃至宗教习俗。客人在餐厅不仅可以品尝风味各异的美味佳肴,还可以领略不同情调的饮食文化,享受专业的餐饮服务,得到物质上的满足和精神上的享受。

1.知晓餐饮部的地位、职能。

2.了解饭店餐厅的不同风格,了解中餐厅氛围营造的相关知识。

3.知晓餐饮菜肴、烹饪、酒水的基本知识。

4.能描述中餐零点服务和中餐宴会服务的基本程序以及西餐服务的流程。

## 任务一 认识饭店的"美食工厂"

活动主题:初识餐饮部

活动步骤:思考餐饮部为什么被称为"美食工厂"。

## 学习导读

餐饮部是饭店的重要部门,是仅次于客房的第二大"财源"。餐饮服务具有无形性、一次性、直接性、差异性等特点。

## 学习内容

### 一、餐饮部在饭店中的地位

#### (一)餐饮部是星级饭店的重要组成部分

星级饭店餐饮部的管辖范围包括各类餐厅、酒吧等传统的餐饮设施,有些饭店的餐饮部还管理歌厅、舞厅、茶座等娱乐设施,一些饭店的餐饮部甚至管理各种会议设施。这些是客人经常活动的场所,也是客人在饭店的活动中心。因此,餐饮部是星级饭店的重要组成部分。

#### (二)餐饮服务直接影响饭店声誉和形象

餐饮部工作人员,特别是餐厅服务人员,他们与客人直接接触,其一举一动、一言一行都会在客人的心目中产生深刻的印象。客人可以根据餐饮部为他们提供的食品、饮料的种类、质量以及服务态度等来判断一个饭店的服务质量和管理水平。所以,餐饮服务的好坏不仅直接关系到饭店的声誉和形象,而且直接影响饭店的客源和经济效益。

#### (三)餐饮部为饭店创造可观的经济效益

餐饮部是饭店获得经济效益的重要部门之一,它的收入是一个弹性收入,虽然餐位数是基本固定的,但餐饮部的工作效率和专业化服务水平所产生的日接待人数和人均消费是不固定的,所以餐饮部收入弹性较大。我国旅游饭店的餐饮收入大约占饭店总收入的 1/3。

#### (四)餐饮部工种多,用工量大

餐饮部的业务环节众多而复杂,从原料采购、验收、储存、发放,到厨房的初步加工、切配、烹调,再到餐厅的各项服务工作,需要不同岗位员工共同配合才能做好。因此,餐饮部的工种多,用工量大,为社会创造了众多的就业机会。

### 二、餐饮部的职能

#### (一)积极组织生产,提供餐饮食品

餐饮具有旅游设施和旅游资源的双重性质。餐饮不仅是饭店产品,还是旅游产品的重要组成部分。为客人提供高质量菜肴、酒水等餐饮食品是餐饮部的主要工作。

#### (二)合理制定菜单,开发餐饮新品种

饭店餐饮要具有吸引客人并与其他饭店、社会餐馆竞争的能力,就应该有自己的特色。一方面,饭店餐厅应根据目标市场客人的消费特点以及餐饮时尚、口味变化等餐饮发展趋势,合

理制定菜单;另一方面,饭店餐饮应该努力挖掘潜力,积极继承传统,研究开发新品种、新项目,从而形成自己的经营特色。

### （三）广泛组织客源,扩大产品销售

饭店餐饮部门的客源包括住店客人和店外客人。住店客人是饭店餐饮部做好销售的基础,而店外客人是饭店餐饮部扩大销售的保证。饭店餐饮部应该广泛组织店内外客源,承接各类宴会,抓好节假日和美食节的宣传促销工作,以扩大餐饮产品的销售量,提高餐饮营业额。

### （四）保持并不断提高食品质量和服务质量

能否保持并不断提高食品质量和服务质量是饭店餐饮经营管理成败的关键之一。餐饮部应以岗位责任制为中心,建立相应规章制度,制定各岗位的操作规程和质量标准,执行严格的检查制度。厨房应抓好原料粗加工、细加工和烹调的质量检查,不断提高食品质量。餐厅服务要坚持按照规程操作,不断改善服务细节,提高餐饮服务质量。

### （五）控制餐饮成本,增加盈利

餐饮成本控制是降低餐饮成本、增加企业盈利的必要措施。饭店应做好成本核算和成本分析,根据制定的标准成本率确定合理的食品销售价格;控制食品原料采购价格;加强原料验收、贮藏、发放管理,避免原料损耗浪费;抓好原料粗加工关,控制原料加工损耗率。

### （六）确保食品卫生和饮食安全

饭店餐饮设施是为广大客人服务的公共场所,餐饮卫生和安全是否符合标准不仅会直接影响饭店的声誉和经济利益,而且也会影响社会秩序。因此,必须加强食品卫生和饮食安全管理,强化预防措施,确保食品卫生、环境卫生和员工个人卫生都符合相应的标准要求,防止食品污染、食物中毒等事件发生。

 **资料链接**

🔔 **食品贮存要求**

● 贮存食品的场所、设备应当保持清洁,无霉斑、鼠迹、苍蝇、蟑螂,不得存放有毒、有害物品及个人生活用品。

● 食品应当分类、分架存放,距离墙壁、地面均在 10 厘米以上,并定期检查,使用应遵循先进先出的原则,变质和过期食品应及时清除。

● 食品冷藏、冷冻贮藏应做到原料、半成品、成品严格分开,植物性食品、动物性食品和水产品分类摆放。

● 在烹饪后至食用前需要较长时间(超过 2 小时)存放的食品,应当在高于 60℃或低于 10℃的条件下存放。

### （七）组织员工培训，提高行业素质和技术水平

餐饮部应根据部门具体情况，制订员工发展计划和培训计划，配合人事部门对员工进行职业道德、专业知识和技能的培训，不断提高员工的专业素质和业务水平，形成稳定的训练有素的员工队伍。事实上，加强对员工的培训教育是饭店克服服务质量水平不稳定，保持和不断提高服务质量的有效途径。

---

 **资料链接**

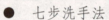 **洗手消毒方法**

七步洗手法

● 七步洗手法

第一步（内）：洗手掌，流水湿润双手，涂抹洗手液，掌心相对，手指并拢相互揉搓；

第二步（外）：洗背侧指缝，手心对手背沿指缝相互揉搓，双手交替进行；

第三步（夹）：洗掌侧指缝，掌心相对，双手交叉沿指缝相互揉搓；

第四步（弓）：洗指背，弯曲各手指关节，半握拳放于另一手掌心旋转揉搓，双手交替进行；

第五步（拇）：洗拇指，一手握另一手大拇指旋转揉搓，双手交替进行；

第六步（尖）：洗指尖，弯曲各手指关节，指尖合拢在另一手掌心旋转揉搓，双手交替进行；

第七步（腕）：洗手腕、手臂，揉搓手腕、手臂，双手交替进行。

● 双手消毒法

清洗后的双手在消毒剂水溶液中浸泡20~30秒或涂擦消毒剂后充分揉搓20~30秒。

---

### 三、餐饮服务的特点

餐饮服务是餐饮部的员工为就餐客人提供餐饮产品的全过程。餐饮服务可分为直接对客的前台服务和间接对客的后台服务。餐饮前台服务指餐厅、酒吧等餐饮营业点面对客人提供的服务；餐饮后台服务指仓库、厨房等客人视线不能触及的部门为餐饮产品的生产、服务所做的一系列工作。餐饮后台服务与餐饮前台服务相辅相成，前者是后者的基础，后者是前者的继续与完善。餐饮服务的特点如下：

### （一）无形性

餐饮服务与其他任何服务一样不能量化。餐饮服务的无形性指就餐客人只有在购买并享

用完餐饮产品后,才能凭借其生理与心理满足程度来评估其优劣。因此,餐饮服务需要深度了解客人需求。

### (二) 一次性

餐饮服务的一次性指餐饮服务只能当次享用,过时则不能再使用。这就要求餐饮企业应接待好每一位客人,只有提高每一位就餐客人的满意度,才能使他们成为"回头客"。

### (三) 直接性

餐饮服务的直接性指餐饮产品的生产、销售、消费几乎同步进行,即餐饮的生产过程就是客人的消费过程。这就要求餐饮部既要注重产品生产的质量和服务过程,也要重视就餐环境等其他因素。

### (四) 差异性

一方面,不同的餐饮服务员由于年龄、性别、性格、受教育程度及工作经历的差异,他们为客人提供的服务不尽相同。另一方面,同一服务员在不同的场合、不同的时间,其服务态度、服务效果等也有一定的差异。因此,餐饮部门应制定合理规范的服务标准,并加强对服务员的培训,加强对服务过程的控制。

### 四、餐饮部的业务分工

餐饮部的岗位应根据饭店规模、餐饮规模、经营特点等因素因地制宜地设置。大、中、小型饭店的餐饮部组织结构会有较大差异。图4-1是某大型饭店餐饮部的组织结构图。

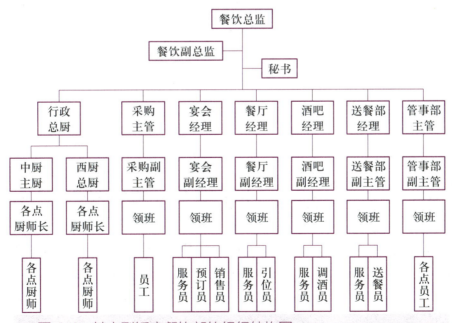

▲ 图4-1　某大型饭店餐饮部的组织结构图

餐厅根据其所提供的食品、饮料和服务的不同,可分为零点餐厅、团队餐厅、咖啡厅、酒吧、特色餐厅、自助餐厅、外卖部等。

　　宴会厅接受客人的委托,组织各种类型的宴会、酒会、招待会等活动,并根据客人的要求设计主题、制定菜单、布置厅堂、备餐铺台,同时为客人提供完善的宴会服务。

　　厨房部是饭店的主要生产部门,负责整个饭店所有的中式、西式菜点的烹饪,负责厨师的培训,菜点的创新,食品原料采购计划的制订,以及餐饮部的成本控制等工作。

　　采购部是饭店餐饮部的物质供应部门,负责按时、保质保量地为餐饮部组织和采购所需的物品,特别是食品原料和酒类饮料等。采购进店的原料要送入仓库,并分类妥善保管。

　　管事部负责打扫厨房、餐厅、酒吧等处的清洁卫生,以及所有餐具、器皿的洗涤、消毒、存放、保管和控制工作。

## 任务二　营造怡人的进餐氛围

 **活动导入**

活动主题:餐厅环境营造

活动步骤:1.想一想你喜欢什么风格的餐厅。

　　　　　2.走进一家饭店,重点参观饭店餐厅,知晓餐厅布局及装饰风格。

 **学习导读**

　　俗话说:"吃档次到饭店,吃实惠到餐馆",这里的"档次"就包含了饭店餐厅的氛围。饭店的餐厅类型很多,如正餐厅、风味餐厅、主题餐厅、宴会厅、咖啡厅、自助式餐厅等,不同的餐厅有各自的特色和氛围。

 **学习内容**

### 一、不同风格的餐厅

　　餐厅是通过出售菜肴、酒水及相关服务来满足客人饮食需求的场所。根据《法国百科大辞典》记载,restaurant(餐厅)一词源自拉丁语,原意为滋补、提神和恢复精神气力的意思。1765年,法国巴黎一位开肉汤店的老板布热朗将这一词语制成招牌悬于肉汤店外,用以招徕客人。从那以后,巴黎的餐饮同行纷纷效仿布热朗,继而在欧洲,最终在全世界restaurant成为餐厅的专用名词。

　　一般来说,饭店开设餐厅必须具备三个条件:一是具有一定的场所;二是能够为客人提供菜肴、酒水和良好的服务;三是具有相关的行政许可(如营业执照、消防安全许可证、卫生许可证)。大中型饭店一般有数处甚至十多处餐厅设施,根据其餐饮内容、服务方式、规格水平不同,大致可以分为以下六类：

### （一）正餐厅

正餐厅（图4-2）是饭店主要餐厅设施，指食品精美、服务高雅、装饰华丽、环境舒适的桌式服务餐厅。正餐厅一般只提供午餐、晚餐，国外不少饭店的高级正餐厅仅供应晚餐。正餐厅大多使用点菜菜单，提供零点服务，菜单内容品种齐全，规格较高。饭店的各类中餐厅、西餐厅都属此类，中餐厅多采用传统的中餐式服务；西餐厅服务方式则有法式服务、美式服务和俄式服务之分。

▲图4-2　正餐厅

### （二）风味餐厅

风味餐厅因其供应的菜肴富有特色，因而又被称为特色餐厅，指专营某一类菜肴，如海鲜、素菜；或突出某一地方菜系，如川菜、鲁菜、粤菜、淮扬菜；也可突出某一时间或某一民族的菜肴，如清朝宫廷菜、清真菜、朝鲜族菜、维吾尔族菜，还可以专以某种烹调方法为主，如扒房、烤肉馆。风味餐厅经营内容专一，因此菜单较为有限，服务程序与正餐厅大致相似，但服务细节、技术有所不同。风味餐厅的装饰布置也应根据餐饮内容设计，使之起到渲染、烘托餐饮特色的作用。

### （三）主题餐厅

主题餐厅指赋予一般餐厅某种主题，围绕既定的主题来营造餐厅的经营气氛：餐厅内所有的产品、服务、色彩、造型以及活动都为主题服务，以此来吸引客人，并使客人增长知识和见闻。如舟山梵客度假酒店的莲府中餐厅（图4-3）以禅画渔水为设计理念，临泳池凉亭，品地道海鲜，待白夜微茫，嶙峋波光，品舌尖清凉。

▲图4-3　梵客的莲府中餐厅

### （四）宴会厅

宴会厅是饭店重要的餐饮设施，指可以用于召开各类婚庆、公司聚餐，举办中小型文艺演出等活动的场所。通常大型宴会厅（图4-4）可容纳上千位客人，小型宴会厅可接待3~5桌客人。宴会有国宴、家宴、便宴、冷餐会之分，其内容、规格和人数不一，因此食品准备和宴会厅的布置也应根据预订标准和客人要求确定。

### （五）咖啡厅

咖啡厅（图4-5）在规格上要小于宴会厅、正餐厅，指向客人供应简单食物，如面包、三明治、沙拉及有限的几种大众化主菜的场所，但并非仅仅供应咖啡、饮料。咖啡厅服务迅速，营业时间长，一般早、中、晚三餐都营业。办好咖啡厅对饭店接待好外国客人非常重要，不少外国客人，尤其是西方客人虽然对中餐饮食有浓厚的兴趣，但西餐仍是其传统的饮食。

▲图4-4　大型宴会厅

▲图4-5　咖啡厅

### （六）自助式餐厅

自助式餐厅（图4-6）指客人自选自取适合自己口味菜点就餐的餐厅。自助餐厅菜肴品种供应丰富，餐位周转率高，但服务员较少，客人以自我服务为主。客人按固定标准支付餐费，自行挑选喜爱的菜点拿到餐桌用餐，不必等候。自助式餐厅提倡有序就餐、按需食用，客人应避免因盛取过多食物而造成的浪费。

▲图4-6　自助式餐厅

### 二、中餐厅氛围营造

餐厅的氛围指餐厅在视觉、听觉、嗅觉等方面给客人的感觉，其中视觉通常是最易形成的。因此，餐厅氛围的营造主要包括餐厅的外观形象与内部环境两个方面。一般而言，中餐厅是我国星级饭店餐厅家族中的主角。

#### （一）中餐厅的外观形象营造

1. 建筑外观的形

造型优美、选材讲究、色调和谐、风格迥异的建筑外观，能对就餐客人的心理活动产生积极的影响。餐厅的建筑通常是建筑设计师发挥其想象力的结晶。他们通过建筑造型、结构、色调的巧妙结合，给客人塑造出一个直观而富有内涵的艺术形象，如高层建筑的恢宏、江南园林的精巧，使人产生各种遐想。

2. 餐厅名称的美

中餐厅的名称是向客人传达餐厅的风格、服务项目和经营特色的标志。如"竹林餐厅"，颇有闹中取静的雅趣；"山外山""楼外楼"（图4-7），闻店名而生雅兴，使人不由得想起"山外青山楼外楼"的诗句；杭州香格里拉饭店的"香宫"，潇洒而又飘逸，让人浮想联翩。又如，经营宫廷菜的"仿膳饭庄"、经营清真菜的"清雅斋"、经营粤菜的"玉堂春暖",不仅言简意赅,而且准确地抓住了餐厅的特点。

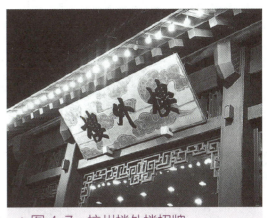

▲ 图4-7 杭州楼外楼招牌

### (二)中餐厅内部环境营造

餐厅应在饭店主体建筑物内,或通过封闭通道与主体建筑物连接。对中餐厅内部的总体布局要求是宽敞整齐、美观雅致。同时,餐厅内各服务区域设置要合理。餐厅宜靠近厨房且最好与厨房处于同一平面或楼层。

1. 分区设计

饭店的星级评定标准规定,中餐厅应体现出分区设计。餐厅分区设计的实质就是把不同的功能需求和使用目的在空间布局上划分成不同的区域。其中有两层含义:一是根据餐厅的运作流程来分区,可分为菜肴制作区、菜肴传菜区和客人就餐区;二是根据客人的消费过程来分区,可分为迎宾区、休息区、就餐区和结账区。而对于就餐区而言,又可细分为大厅散座和包间区等。

2. 环境布置

餐厅的主题决定了餐厅的个性和特色,中餐厅的环境布置应围绕一个中心进行。无论是艺术陈列品使用,还是字幅、挂画、绿化选择等,都要起到反映主题、烘托气氛的作用。

▲ 图4-8 "无尘"斋房

例如,普陀山雷迪森庄园的"无尘"斋房(图4-8)是饭店专设的素宴厅,配有专属的佛堂。一进入餐厅就被一股"禅意"笼罩,餐厅静雅高古,古朴含蓄。素斋包厢中特别备有香炉、洗手盆并供奉着菩萨,青烟缭绕,芳香沁溢。祈以禅食,心生欢喜,茶饭之间,得品禅智。

3. 餐厅家具

餐厅家具一般包括餐桌、座椅、工作台、餐具柜、屏风、花架等。餐厅家具的选择必须与中餐厅所提供的菜点风味配套,并与餐厅整体环境相映成趣,形成较为协调的风格。此外,中餐厅的家具造型应科学,尺寸比例应符合目标客源市场的人体构造特点,以增强客人的舒适感。例如,为方便带儿童的客人前来就餐,餐厅应为儿童配备专门的儿童座椅(图4-9)。儿童座椅必须带扶手和栏杆,其椅高一般为65厘米(普通座椅为45厘米),而其椅宽和椅深则比

▲ 图4-9 儿童座椅

普通座椅略小。

4.照明和色彩

餐厅的照明不仅要考虑光色、照度、光源方式等对就餐环境、食品、氛围的影响,还应注意装饰性照明和功能性照明的区分,以及直接照明与间接照明的巧妙配合。另外,中国客人就餐大多喜欢热烈的气氛,所以,中餐厅的灯光应明亮一些。

在色彩上,中餐厅一般多选用红、橙、黄作为主色调。因为黄色可刺激人的食欲,也可使菜肴看起来非常新鲜。由此可见,餐厅的灯光和色调可以提升菜肴的品位。中国菜讲究色、香、味、形,而"色"是需要靠灯光和色调进行二次创作的。

5.员工制服

中餐厅员工制服总体要求是亲切怡人、整洁得体、悦目大方。中餐厅员工制服的选择应考虑三个方面的因素。一是制服的式样。制服的式样要与餐厅的主题和风格相和谐,如民族特色浓郁的中餐厅可选用唐装或旗袍作为员工的制服。二是制服的色彩。制服的色彩可以采用餐厅的标准色作主色,以邻近色作辅色、点缀色。三是制服的面料。员工制服的面料选用范围较广,毛涤混纺、织锦缎、进口化纤和丝麻混纺等各类有特色和机理效果的面料都可搭配使用。

6.背景音乐

背景音乐可以渲染餐厅文化,也有调节气氛的功能,但餐厅选用的背景音乐应遵循一定的原则:一是音乐节奏要适当。一般来说,每分钟60拍的节奏与人的正常生理节奏正好共振,能使人保持身心平衡。二是音乐主题要积极向上。三是音量要适当。背景音乐的音量控制要达到"似听到又听不到的程度",即休息时可以听到,与他人交谈时又听不到的状态。合适的背景音乐能使客人得到一种高层次、高品位的享受,能增进客人与餐厅之间的感情交流,使餐厅具有亲切感。

总之,中餐厅内部环境的营造要从适合客人的心理需要出发,利用美学的理论精心设计、构思,为客人创造一个美观雅致、方便舒适,既刺激客人感观又唤起客人食欲的富有特色的服务环境,形成一个令客人流连忘返的意境和格局。

## 任务三 知晓丰富的餐饮知识

活动主题:了解餐饮文化知识

活动步骤:1.以小组为单位,浏览网站、查阅图书,搜寻中、西方餐饮文化知识。

2.比较中西方餐饮文化的不同之处。

餐厅服务人员应该具有丰富的专业知识,才能使怡人的就餐氛围、可口的菜品与专业的餐饮服务有机地结合,让客人在物质上和精神上获得满足。

### 一、菜肴和烹饪知识

餐厅服务人员要做好服务工作,不仅要了解世界各地不同菜品的特点,还应了解本饭店餐厅经营的菜肴的口味特点与烹调方法。

#### (一) 中餐菜肴

1.我国四大菜系的特点

我国菜系划分有多种方法,较为常见的有四大菜系和八大菜系。四大菜系有苏菜、粤菜、川菜、鲁菜。八大菜系除了上述四种菜系外,另加上闽菜、浙菜、湘菜和徽菜。

苏菜即江苏菜,主要由淮扬、金陵、苏锡、徐海四个地方风味菜组成,具有如下特点:一是用料以水产为主,汇江河湖海特产为一体;二是味兼南北,既有清炒、清熘的南方爽口菜,又有高蛋白的菜;三是点心和小吃相当精美。江苏菜的代表菜有水晶肴蹄、蟹黄狮子头、番茄虾仁锅巴、煮干丝、叫花童子鸡、松子水晶包等。

粤菜即广东菜,由广州菜、潮州菜、东江菜组成,具有如下特点:一是用料广、选料严,以海鲜为上品;二是口味偏清鲜、爽滑,这与广东地区气候炎热有关;三是配菜丰富,不仅一年四季时鲜蔬菜不断,而且按时节会以水果、香花入菜;四是粥品、点心特别丰富,这与广东地区人们喜欢喝早茶有关;五是广东菜菜名常取吉利之意,如"鸡"作"凤","发菜"作"发财"。广东菜的代表菜有蚝油网鲍片、脆皮乳猪、东江盐焗鸡、咕噜肉、冬瓜盅等。

川菜即四川菜,享有"一菜一格""百菜百味"之誉。四川菜有以下特点:一是重油重味,偏爱麻辣,这与四川盆地阴雨天多、雾多、湿气重有关;二是运用普通材料,烹制多种美味佳肴;三是精于烹饪,注重调味,技艺高超的川菜厨师可调制出咸鲜、酸辣、鱼香、麻辣、香糟、怪味等几十种各具特色的复合味。四川菜的代表菜有宫保鸡丁、麻婆豆腐、回锅肉、毛肚火锅、鱼香肉丝、樟茶鸭等。

鲁菜即山东菜,由济南地方风味菜和福山地方风味菜两部分组成。山东菜有以下特点:一是继承了宫廷菜的风格,用料讲究,制作精细,有粗菜细做、细菜精做的说法,善于以燕窝、鱼翅、海参、鹿肉等高档原料做出厚味大菜;二是善于以汤调味,保持菜肴的原汁原味;三是善于做高热量、高蛋白的菜肴,以适应华北地区寒冷时间长、蔬菜品种少的特点。山东菜的代表菜有扒原壳鲍鱼、葱烧海参、清汤燕菜、奶汤蒲菜、九转大肠等。

2.中式烹饪的主要特点

（1）原料丰富，菜品繁多。我国丰富的物产资源为中式烹饪提供了坚实的物质基础。常用的中式烹饪原料丰富多彩，时令原料品种众多，稀有原料奇异珍贵。中国菜品繁多，既有经济方便的大众便餐菜式，也有乡土气息浓郁的民间菜式。

（2）选料严谨，因材施艺。中国菜对菜品原料产地、季节、部位、营养、卫生的选择十分讲究，而且往往根据原料各自的特点，采用不同的烹饪技法。

（3）刀工精湛，善于调味。中国烹饪的刀法有数十种之多，使菜肴千姿百态，栩栩如生。中国菜调味用料广泛、方法细腻，并突出原料的本味，使菜肴口味变化无穷。

（4）盛器考究，艺术性强。美食和美器的完美结合使中国菜更显示出雅致、尽善尽美和强烈的民族风格；精湛的刀工、和谐的色彩、美妙的菜名使中国菜给人以文化的熏陶和艺术的享受。

### （二）西餐菜肴

西餐菜肴的主要流派按国家或地区分为法式菜、英式菜、美式菜、俄式菜和意式菜等。

1.西餐菜肴的特点

（1）法式菜。法式菜被公认为西餐的代表，誉满全球，几百年来也一直引领着西餐的新潮流。法式菜的特点是：选料广泛，品种繁多；讲究烹饪，注重调味；用料新鲜，讲究搭配；大都以地名、人名、物名来命名。其代表菜有鹅肝酱、法式洋葱汤、巴黎龙虾、法式蜗牛（图4-10）、烤蒜头羊腿等。

▲ 图4-10　法式蜗牛

（2）英式菜。由于英国在第二次世界大战前的殖民统治和经济渗透，英式餐饮在世界许多国家和地区产生了较大的影响。英式菜的显著特色是讲究花色、少而精，注重营养搭配，口味清淡、少油、鲜嫩焦香。此外，烤肉、熏制的鳟鱼和鲱鱼、有甜有咸的布丁是英国人喜爱的食品。其代表菜有爱尔兰烩羊肉、英式各色铁扒、西冷牛排、波特好司牛排等。

（3）美式菜。美式菜虽是英式菜的派生物，但近几百年来，美国人善于吸取别人的长处，并勇于改良和创新，从而形成了自己的特色。美式菜的特点是：讲究营养搭配，清淡不腻，要求量少而精，这是英美菜肴的共同之处；咸中带甜，微辣，略微酸甜；爱用水果做菜，讲究铁扒和沙拉类菜肴的制作，不爱吃奇形怪状的动物。代表菜有华道夫沙拉、橙味烤野鸭、苹果烤鸭、美式什锦铁扒、丁香火腿、华盛顿奶油汤等。

（4）俄式菜。俄国处高寒地带，俄式菜受其气候影响较大。其特点为：口味重，较油腻。

口味以酸、甜、辣、咸为主,酸黄瓜、酸白菜是家庭餐桌上的常备食品。高档宴会少不了鱼子酱,鱼子酱分为红鱼子酱和黑鱼子酱,黑鱼子酱比红鱼子酱更为名贵;肉类要烧得很透才食用,爱吃三文鱼和碎肉做馅的菜肴;土豆更是俄国人一日三餐必不可少的,他们称土豆为"第二面包"。其代表菜有黄油鸡卷、罗宋汤、俄式冷盘、莫斯科蔬菜沙拉、乌克兰羊肉饭、哈萨克手抓羊肉。

(5)意式菜。意式菜注重原汁原味、香醇味浓,烹调方法以红烩、红焖和炒为主。意大利人普遍爱吃甜酸味,不爱油腻,不吃动物内脏、肥肉和奇形怪状的动物及软体动物。另外,用米、面做菜是意大利餐饮的又一特色,如各式各样的空心粉、实心粉、意大利馄饨,意大利面(图4-11)做工精细,品种繁多,闻名于世。意式菜的代表菜有米兰猪排、意大利牛腱子饭、意大利通心粉、罗马魔鬼鸡、那不勒斯烤龙虾、佛罗伦萨烤牛排、意大利比萨。

▲ 图4-11 意大利面

2.西式烹饪的主要特点

(1)选料精细。西式菜肴大多不宜烧得太熟,其加热的温度和时间往往达不到杀菌标准,有的甚至是全生或半生品,如沙拉、牡蛎、羊排、牛排,所以要求原料新鲜。对牛、羊、猪肉的选料要求是去骨、去皮和无脂肪的精肉,对于禽类要去头去爪。另外,一般不食用动物的内脏和无鳞的鱼。

(2)口味香醇。西餐独特的调料、香料和酒的使用,使菜肴口味香醇。西餐调料和香料有盐、胡椒、番茄酱、咖喱、芥末、肉桂、丁香、薄荷叶、小茴香、月桂香叶、大蒜、生姜、洋葱、香草、蛇麻草和桂皮等,另外,还常用奶制品调味。

(3)沙司单制。西餐菜肴在形态上以大块为主,烹调时不易入味,所以大都要在菜肴成熟后拌以或浇上沙司,使其口味更富有特色。调味沙司与主料分开单独烹制,不同的菜肴配不同的沙司,食用时非常讲究。

(4)方法独特。西餐的烹调方法有煎、烤、铁扒、焗、熏、蒸、烩、炒和炸等,其中以铁扒、烤和焗最具特色。

(5)注重老嫩。欧美人对牛、羊肉的老嫩程度很讲究,服务员在接受点菜时,必须问清客人的需求,厨师按客人要求烹制。烹制牛、羊肉一般有五种火候。

### 资料链接

#### 烹制牛、羊肉的五种火候

一成熟（rare，简写 R.）。表面焦黄，中间为红色生肉，装盘后血水渗出。

三成熟（medium rare，简写 M.R.）。表面焦黄，外层呈粉红色，中心为红色，装盘不见血，但切开后断面有血流出。

五成熟（medium，简写 M.）。表面褐色，中间呈粉红色，切开不见血。

七成熟（medium well，简写 M.W.）。肉表深褐色，中间呈茶色，略见粉红色。

全熟（well done，简写 W.D.）。表面焦煳，中间全部为茶色。

### 二、酒水知识

酒水与菜肴一样，是餐厅直接向客人销售的实物产品。作为餐厅工作人员，不仅要掌握菜肴的风味特点，还要了解世界各地的酒水文化，更要掌握本饭店餐饮场所经营的酒水的相关知识。

#### （一）酒的分类

1.按酒的酿造方法分类

（1）酿造酒。是以富含糖质、淀粉质的果类、谷类等为主要原料，添加酵母菌或催化剂，经糖化、发酵而产生的含酒精的饮料，如葡萄酒、啤酒、黄酒。

（2）蒸馏酒。是把经过发酵的酿酒原料，经过一次或多次的蒸馏过程提取的高酒度酒液，如威士忌、白兰地、中国白酒。

（3）配制酒。是酒与酒之间勾兑或者将药材、香料和植物等放入酒中浸泡而成的，如国外的味美思、比特酒，我国的人参酒、三蛇酒。

2.按配餐、饮用方式分类

（1）餐前酒。也称开胃酒，指在餐前饮用的，喝了以后能刺激人的胃口，使人增加食欲的饮料。开胃酒通常以葡萄酒或蒸馏酒为酒基，加上调制材料制成。

（2）佐餐酒（图 4-12）。是西餐配餐的主要酒类，以葡萄酒为主。外国人就餐时一般只喝佐餐酒而不喝其他酒。佐餐酒包括红葡萄酒、白葡萄酒、玫瑰红葡萄酒和汽酒。

（3）甜食酒。一般是在吃甜食时饮用的酒品，其口味较甜，常以葡萄酒作为基酒，加入食用酒精或白兰地以增加酒精含量。

（4）餐后甜酒。又称利口酒,是在蒸馏酒或食用酒精中加入芳香原料配制而成,主要用作餐后酒或调制鸡尾酒。

（5）鸡尾酒。是一种量少而冰镇的饮料。它以蒸馏酒为基酒(也有以葡萄酒为基酒的),再配以果汁、汽水、利口酒等辅料调制而成。鸡尾酒装杯后,常配以柠檬片或薄荷叶等作为装饰。

▲图4-12　佐餐酒

3.按酒精含量分类

（1）低度酒。酒度在20%(V/V)以下,常见的有葡萄酒、桂花陈酒、香槟酒和低度药酒等。

（2）中度酒。酒度在20%(V/V) ~ 40%(V/V),外国有餐前开胃酒、餐后甜酒等,国产的竹叶青、米酒、黄酒等属此类。

（3）高度酒。酒度在40%(V/V)以上的烈性酒。国产的高度酒有茅台酒、五粮液、汾酒、二锅头等。

 **资料链接**

 **饮酒的限量值**

中国营养学会的研究标明:饮酒对人体健康有利有弊,少量饮用低度酒有益健康,但长期多量饮酒有害身体。一般来说,成年男性一天饮酒的酒精量不超过25克,相当于啤酒750毫升,葡萄酒250毫升,38度白酒75克,高度白酒50克。成年女性一天饮用酒的酒精量不超过15克,相当于啤酒450毫升,葡萄酒150毫升,38度白酒50克。饮酒要限量、节制,最好是饮用低度酒,不要空腹饮酒。

## （二）中国酒

### 1.中国白酒

白酒是以高粱、玉米、大米、大麦为主要原料的蒸馏酒。因酒度较高又被称为"烧酒"。白酒所使用的原料特点不同,酿成的酒风味也各不相同,所谓"高粱香、玉米甜、大米净、大麦冲",十分简洁明了地勾勒出不同材料酿出酒品的不同风格。白酒的特点是无色透明,质地纯净,味感丰富。白酒的香型有清香型(如山西汾酒)、浓香型(如四川泸州老窖)、酱香型(如贵州茅台酒)、米香型(如广西桂林三花酒)和兼香型(如贵州董酒)。中国的白酒名品有茅台酒(图4-13)、汾酒、五粮液、剑南春、古井贡酒、洋河大曲、董酒和泸州老窖等。

**2.中国黄酒**

▲图4-13　茅台

黄酒(图4-14)是中国生产的传统酒类,以稻米、黍米、黑米、玉米、小麦等为主要原料的酿造酒。因多数品种色泽黄亮,故俗称"黄酒"。黄酒的特点是醇厚幽香,味感和谐,越陈越香,营养丰富。黄酒常在加温后饮用,也可根据客人喜好,配以话梅、姜丝、鲜鸡蛋或橙皮。中国著名的黄酒有浙江绍兴加饭酒、山东即墨老酒和福建龙岩沉缸酒等。

**3.中国啤酒**

啤酒是用麦芽、水、酵母和啤酒花直接发酵制成的低度酒,被人们称为"液体面包"。啤酒营养丰富,美味可口,最为人们所喜爱。啤酒按颜色可以分为黄啤和黑啤,中国目前生产的大部分是黄啤。中国啤酒的产量和质量均居世界前列,名品有山东青岛啤酒、北京燕京啤酒、广东珠江啤酒、浙江的西湖啤酒以及香港特别行政区的生力啤酒等。

▲图4-14　黄酒

啤酒按照是否杀菌可分为生啤和熟啤。生啤又称鲜啤,指在生产中未经过杀菌的啤酒,但也属于卫生标准之内。此酒口味鲜美,具有较高的营养价值,但酒龄短,保质期为3~7天,适于当地销售。熟啤是经过杀菌的啤酒,可防止酵母继续发酵或受微生物的影响,酒龄长,稳定性强,保质期为2~6个月,适于远销。

 **资料链接**

 **啤酒的"度"**

啤酒的度主要有两种:一种是麦芽汁浓度,以度(°)来表示,啤酒的麦芽汁浓度一般在7°～18°;另一种是酒精度,以%(V/V)来表示,啤酒的酒精度较低,在1.2%(V/V)～8.5%(V/V),它与麦芽汁浓度成正比。

**4.中国葡萄酒**

葡萄酒是用新鲜葡萄汁发酵制成的。葡萄酒中含有丰富的维生素,特别是B族维生素和维生素C,饮用后可以帮助消化,促进内分泌,增强人的各种机能活力。

中国的葡萄酒按含糖量可以分为甜型、半甜型、半干型、干型;按颜色可以分为红葡萄酒、白葡萄酒和玫瑰红葡萄酒;按含气状态可以分为静态葡萄酒和起泡葡萄酒。中国的葡萄酒名品有烟台红葡萄酒、长城干白葡萄酒、民权白葡萄酒等。

（三）外国酒

1.酿造酒

（1）白葡萄酒。是用青葡萄或紫葡萄去皮后再压榨取汁，经过自然发酵而成，一般贮存2～5年即可饮用。酒色较淡，一般呈淡黄绿色。可分甜、半干、干三类。白葡萄酒具有怡爽清香、健脾胃、去腥味的特点，最佳饮用温度为8～12℃，与海鲜、贝类配饮更佳。法国勃艮第出产的白葡萄酒，清冽爽口，被誉为"葡萄酒之王"。

（2）红葡萄酒。是用紫葡萄连皮一起压榨取汁，经过自然发酵而成，一般贮存4～10年后饮用。红葡萄酒发酵时间长，葡萄皮中的色素在发酵中溶入酒里，使酒液呈红色。红葡萄酒亦可分为甜、半干、干三类，口味上可分强烈、味浓和清淡三种，一般在室温下饮用（和肉类配饮）。法国波尔多地区生产的红葡萄酒优雅甜润，被称为"葡萄酒之女王"。

（3）玫瑰红葡萄酒。在酿制中采取一些特殊方法，有的采用将紫葡萄连皮一起榨汁发酵并在发酵中除去葡萄皮的方法；有的采用将紫青葡萄混合在一起榨汁发酵的方法；有的采用在酿制白葡萄酒中浸入紫葡萄皮的方法。经过如此加工的葡萄酒酒液呈玫瑰红色，一般贮存2~3年即可饮用。玫瑰红葡萄酒不甜而浓烈，与白葡萄酒一样在低温下饮用，可与任何种类的菜肴食物配饮。

（4）香槟酒。酿制香槟酒的原料有紫葡萄、白葡萄，以紫葡萄为主。酿制方法与红葡萄酒、白葡萄酒酿制方法基本相同。一般从开始酿制到包装出售，需要6~7年的时间，此时的香槟酒呈琥珀色，气味清香，酒气充足。香槟酒一般要冰镇后才供给客人饮用，在欧美宴会中，香槟酒是必备酒品。

2.蒸馏酒

（1）白兰地。是以葡萄或其他水果为原料经发酵、蒸馏而得的酒。白兰地按产地一般可以分为干邑白兰地、雅文邑白兰地和其他产地白兰地。白兰地的贮存时间越长，酒的品质越佳。白兰地的酒度为43%（V/V），主要用作餐后酒，饮用时一般不掺任何其他饮料。

（2）威士忌。是以谷物为原料经发酵、蒸馏而得到的酒。世界各地都有威士忌生产，以苏格兰威士忌最负盛名。威士忌的酒度为40%（V/V），可净饮，也可加冰块饮用，多被用于调制鸡尾酒和混合饮料。

（3）伏特加。是以土豆、玉米、小麦等原料经发酵、蒸馏后精制而成。伏特加无须陈酿，酒度为40%（V/V）。伏特加既可净饮，又广泛用于鸡尾酒的调制。

（4）朗姆酒。是以蔗糖汁或蔗糖浆为原料经发酵和蒸馏加工而成的酒，有时也用糖渣或其他蔗糖副产品做原料。新蒸馏出来的朗姆酒必须放入橡木桶陈酿1年以上，其酒度为45%（V/V）。朗姆酒既可净饮，也可加冰块饮用，还可广泛用于调制鸡尾酒或混合饮料。

（5）金酒。又称琴酒、毡酒或杜松子酒，是以玉米、麦芽等谷物为原料经发酵、蒸馏后，加入杜松子和其他一些芳香原料再次蒸馏而得的酒。金酒无须陈酿,酒度为 40%(V/V) ~ 52%(V/V)。金酒既可净饮,又广泛用于调制鸡尾酒。

(6) 特基拉酒。产于墨西哥,是以热带仙人掌类植物龙舌兰的汁浆经发酵、蒸馏而得到的酒。新蒸馏出来的特基拉酒需放在木桶内陈酿,也可直接装瓶出售。特基拉酒可净饮或加冰块饮用,也可用于调制鸡尾酒。在净饮时,常用柠檬角蘸盐伴饮,以充分体验特基拉酒的独特风味。

**3. 配制酒**

外国的配制酒主要有餐前酒、甜食酒和餐后甜酒。餐前酒主要有味美思、比特酒、茴香酒;甜食酒主要有雪利酒、波特酒、玛德拉、玛萨拉等名品;餐后甜酒主要有本尼狄克丁、谢托利斯、库拉索、金万利、君度、薄荷酒等名品。

 如何看待社会上有些饭店提供的"酒后代驾车"现象?

### (四) 软饮料

软饮料指不含酒精的饮料,通常将其分为含碳酸饮料和不含碳酸饮料。饭店通常供应的软饮料有咖啡、茶、可可、牛奶、果蔬汁、汽水、瓶装饮用水等。

**1. 咖啡**

咖啡具有振奋精神、消除疲劳、除湿利尿、帮助消化等功效,所以深受客人喜爱。世界上著名的咖啡品种有蓝山、摩卡、巴西圣多斯等。在饭店中常见的咖啡有速溶咖啡和冲煮咖啡。在咖啡饮谱中,流行的有清咖啡、牛奶咖啡、法式咖啡、土耳其咖啡、皇家咖啡、维也纳咖啡、爱尔兰咖啡、西班牙咖啡和意大利咖啡等。

**2. 茶**

茶的原产地是在我国西南部的原始森林中。茶的历史悠久,现在全世界大约有 30 亿人在饮茶。我国盛产茶叶,饮茶人口众多。按制作工艺和原料品种的不同,茶叶可分为绿茶、红茶、青茶(乌龙茶)、白茶、黄茶、黑茶等类别。

 **资料链接**

 中国的十大名茶

中国的十大名茶分别是西湖龙井、洞庭碧螺春、太平猴魁、黄山毛峰、六安瓜片、信阳毛尖、君山银针、安溪铁观音、凤凰水仙和祁门红茶。

3.可可

可可原产美洲热带地区,我国的广东、台湾等省也有栽培。它是用可可豆的粉末配制而成的饮料。可可豆含有50%的脂肪、10%的蛋白质、10%的淀粉,还有少量的糖分和兴奋物质可可碱。可可具有强心、利尿功效。常见的可可饮品有清可可、牛奶可可、冰激凌可可等。

4.牛奶

牛奶含有丰富的供给人体热量的蛋白质、脂肪、乳糖和人体所需的最主要的矿物质钙、磷以及维生素等,其营养丰富,利于消化,极易被人体吸收。

5.果蔬汁

各种鲜果蔬菜含有丰富的矿物质、维生素、糖类、蛋白质以及有机酸等物质。餐厅常出售的果蔬汁(图4-15)有橙汁、西瓜汁、番茄汁、西柚汁、黄瓜汁、椰子汁等。果蔬汁因其具有促进消化、增进食欲、美白肌肤、健美减肥的作用,越来越受到人们的青睐。

▲图4-15　果蔬汁

6.汽水

汽水是一种含有大量二氧化碳的清凉解暑饮料。它是用水、柠檬酸、小苏打、白糖、柠檬香精、食用色素等原料按一定比例配制而成的。餐厅中常出售的汽水有可口可乐、百事可乐、雪碧、七喜、芬达、健力宝等。

7.瓶装饮用水

瓶装饮用水主要有天然矿泉水和饮用纯净水。天然矿泉水中较著名的有法国的皮埃尔矿泉水、依云矿泉水和我国的农夫山泉等。饮用纯净水中较有名的有美国的纯水乐和我国娃哈哈等品牌。

## 任务四　提供周到的餐饮服务

### 活动导入

活动主题:感知客人需求

活动步骤:1.实地考察学校所在城市的知名饭店。

2.在饭店用餐过程中观察客人的外貌(相貌、体形、肤色、发型、服饰等),感性认识其特征。

3.从人物的言语和动作,猜测其意图和心理。

4.讨论作为餐饮服务员,应该如何通过察言观色来感知宾客需求。

**学习导读**

餐饮服务的特征显示,要提高客人对饭店餐饮产品及服务的满意度,需要服务人员的标准化服务和个性化服务。餐饮部要强调员工重视产品生产质量,明确服务标准,控制服务过程,同时员工要有对客人潜在需求的感知能力,提供个性化餐饮服务。

**学习内容**

### 一、中餐零点服务

零点餐厅指客人随到随吃、自行付款的餐厅,通常设置有大小不同的餐桌,以适应不同人数的客人需要。零点餐厅同时也接受客人的预约订餐。

零点餐厅的主要任务是接待零星客人就餐。餐厅接待的客人数量不固定,客人的口味需求不一,用餐时间交错,服务工作量较大,营业时间较长,所以要求服务迅速、热情、细致、周到。

**想一想**　在餐饮服务中,餐前应该做好哪些准备工作?

中餐零点服务包括早餐服务程序和正餐(即午餐)、晚餐服务程序。饭店中餐零点餐厅正餐服务程序及服务基本环节如下。

#### (一) 餐前准备

"好的开始是成功的一半。"开餐前要为进餐过程中所提供的各项服务做好准备。中餐零点餐厅的餐前准备工作主要包括以下内容。

1.整理餐厅卫生

服务员要认真做好餐厅的清洁工作,包括保持地面、门窗的卫生,擦拭桌椅,整理桌椅等。

2.物品准备

检查服务所需要的物品种类和数量,到指定区域领取布草、酒具、餐具、服务用品和用具。

3.摆台

按预订或相关标准进行摆台,并检查用具摆放是否规范、餐具是否完好洁净、工作台备用餐具与服务用品是否够用。

4.餐前例会

由餐厅经理或主管负责召开餐前例会。其主要内容有:(1)检查服务员的仪表仪容;(2)简单总结先前工作,提醒需要注意的问题;(3)说明当餐的任务及注意事项,包括重要客情、缺货

的菜点、需要推荐的菜点等;(4)给每个员工分配具体任务。

### (二) 迎宾领位

客人在进入餐厅时,门口处的迎宾员要热情欢迎。亲切的服务态度及热情的迎接是客人来到餐厅所感受到的第一印象,也是客人体会愉快用餐经历的开始。

**1.热情迎宾**

迎宾员应领取当日的预订记录登记表,并准备好菜单,在门口指定位置恭候客人的到来。当客人来到餐厅时,迎宾员要面带微笑,热情问候,并问清是否有预订及就餐人数等。

迎宾领位

**2.规范引领**

在确认客人情况后,右手示意客人行进方向,并礼貌地说:"先生 / 女士,这边请。"在引领时,根据场地条件不同,可站在客人的右侧前方或左侧前方,与客人保持 1 米左右的距离。遇转弯处,转身向客人示意,并以手势明确行进方向。

**3.合理领位**

迎宾员在引领客人安排座位时,可以掌握"先大厅后包厢,先显眼后隐蔽"的原则,这样可以烘托人气。安排座位时还应考虑合理分配工作量的问题。

### (三) 入座服务

当客人到达餐桌旁,迎宾员应协助值台服务员安排客人入座。客人入座后,由迎宾员或值台服务员向客人递上菜单,然后由值台服务员在客人点菜前快速完成餐前服务工作。

入座服务

**1."三到"服务**

所谓"三到"服务,就是客到、茶到、毛巾到,即客人入座后,值台服务员尽快为客人送上一杯茶水、一块毛巾。

**2.铺放餐巾**

值台服务员右脚向前,站在客人右侧,拿起餐巾在客人身后轻轻抖开,然后右手在前,左手在后,将餐巾放在餐碟下面或根据客人要求垫放。

**3.撤去筷套**

值台服务员站在客人右侧,将筷子(带筷套)拿起后,轻轻将筷子倒出套口,右手捏住筷子尾部,左手将筷套撤去,右手将筷子轻轻放回筷架上。

**4.调整餐具**

值台服务员应根据客人就餐人数或客人入座情况,撤下或添补餐具。

### (四) 点菜开单

**1.接受点菜**

服务员要随时准备好点菜单和笔。在客人需要点菜时,值台服务员应立即上

点菜开单

前询问,接受人工点菜或推荐使用线上点菜,如 Pad 点菜、二维码扫码点菜、关注公众号点菜。

2.提供建议

注意观察,了解客人需求,并主动介绍餐厅的特色菜,多用描述性语言和选择疑问句,协助客人选择,不能强行推销。在提供点菜建议时,要掌握荤素搭配和数量适中的原则。

 **案例选读**

📖 **成功的点单**

李先生带客户来到广州某饭店餐厅用餐,入座后由值台服务员小周负责为客人点菜。一位客人告诉她,想尝尝进口龙虾。小周从他的言谈话语中看出,客人是北方人,可能不太熟悉广州地区的龙虾种类,有必要向他们推荐介绍。

"先生,龙虾的品种很多,进口龙虾虽然有名,但在肉质、弹性、光泽、口感等方面均不如广州地区的龙虾。"客人被小周诚恳的态度所打动,同意点广州龙虾,并让她继续推荐当地名菜。小周忙把饭店的风味菜"例牌鲍鱼""八宝冬瓜盅"等介绍给他们,还不厌其烦地把这些菜的来历、烹制方法、配料、口味、色泽和形状做了详尽说明,客人听后非常满意,于是欣然接受。

3.记录内容

值台服务员在接受客人点菜时,身体前倾,在点菜单上清楚记下客人所点的菜品名、数量、台号、人数。注意冷菜、热菜和点心应分单填写,以便厨房分类准备。值台服务员同时要在点菜单上签名,以便进行服务追溯。

4.复述确认

人工点菜时,为确保点菜正确无误,值台服务员应重复客人所点菜品,请客人确认。线上点菜时,如客人需要更改菜单,可在线上直接更改或请值台服务员通知厨房更改。

5.出点菜单

人工点菜时,点菜单一式四联,由值台服务员分别递交收银台、厨房、传菜或划单,并留存。线上点菜时,客人通过 Pad 点菜、二维码扫码点菜或关注公众号点菜,线上直接下单,点菜单通过点菜系统线上共享至前台收银及后厨,直接出单。

6.询问酒水

值台服务员应询问客人需要什么酒水,并逐一在酒水单上做好记录。在确认无误后,将酒水单交酒水员,并领取相应数量的酒水。

### （五）席间服务

**1. 斟倒酒水**

按客人需求斟倒酒水。一般情况下，烈性酒斟至酒杯八成满；红葡萄酒斟至五成满；白葡萄酒斟至七成满；香槟酒应先斟至杯的 1/3 处，待泡沫平息后，再斟至杯的 2/3 处；啤酒应顺着杯壁斟倒，以泡沫不溢出为准。

**2. 菜肴服务**

上菜前要首先核对台号，以避免上错菜。上菜时，应先整理台面，留出空间，然后用双手将菜肴端上，报菜名，特色菜肴应向客人做简单介绍。菜肴的摆放应考虑菜肴的多少和转盘的大小，做到整齐美观。上最后一道菜点时，应告诉客人菜已上齐，并请客人慢用。

 **资料链接**

 **菜肴的摆放要求**

放热菜时要做到"一中心、二平放、三三角、四四方、五梅花"。菜肴满桌时，严禁盘子叠盘子，可以采用大盘换小盘、合并或帮助分派的方式进行服务。

**3. 巡台服务**

在客人用餐过程中，值台服务员应注意客人的进餐情况，适时地为客人撤换餐碟，斟添酒水，收去餐桌上的空瓶空盘等。如客人需添加菜肴酒水时，应及时满足其需要，并记录在点菜单或点酒单上，以免漏账。

### （六）结账收银

当客人所点菜肴、酒水上齐后，清点好客人所点菜单和酒水单，核对无误后准备好账单。当客人要求结账时，值台服务员用账单夹将账单送上，请客人过目应付餐饮金额。一般情况下，客人的付款方式有四种。

**1. 现金结账**

当客人用现金付款时，值台服务员应礼貌致谢，并将现金用账单夹送到收银台办理结账手续，然后将找零和发票送交客人，请客人当面点清。

**2. 信用卡结账**

当客人用信用卡结账时，则礼貌地请客人到收银台刷卡消费，或可由服务员代为刷卡，而后请客人确认账单上的签账金额、所列卡号是否正确，并请客人确认后签名。

### 3.签单结账

当客人要求签单时,应问清住客的姓名、房号,并请客人出示房卡,以便核对身份和信用额度。在确认客人拥有足够的签单权限后,服务员请客人在账单上签名。客人签单结账后,要将账单迅速送交收银员做记账和转账处理。

### 4.移动支付结账

当客人要求使用移动支付结账时,应礼貌地问清客人选择支付的平台,请客人出示付款码或向客人出示收款码。在确认收款成功后,将收银小票递交客人核对。

## (七) 送客收台

### 1.拉椅送客

当客人用餐结束起身离开时,值台服务员应主动上前协助拉椅,提醒客人携带好随身物品,并欢迎客人下次光临。

### 2.收台工作

客人离席后,若周边暂无其他客人用餐,值台服务员应立即清理餐台。收拾餐台物品要分类依次进行,先收餐巾、毛巾,再收杯具及筷勺,然后收盘碗等,最后撤换台布。收台动作要轻、稳,用托盘或餐具车将餐台物品运送到后台。

---

 **资料链接**

 **客房送餐**

客房送餐服务(Room Service)指根据客人要求在客房中为客人提供的餐饮服务。它是星级饭店为方便客人、增加收入、减轻餐厅压力、体现饭店服务水平而提供的服务项目。

客房送餐注意事项:进房前必须先敲门、通报身份,在客人示意进房后方可进入。如遇客人着装不整,送餐员应在门外等候,等客人穿好衣服后再进房送餐;进房后应征询客人用餐位置的选择及餐具回收的时间(或留下餐具回收卡,以便客人知道回收餐具的联系方式);退出房间前应面向客人并礼貌道别。

---

## 二、中餐宴会服务

### (一) 宴会厅布局

### 1.台型布局

中餐宴会台型布局一般遵循"中心第一、先右后左、高近低远"的原则(图4-16)。(1)中心第一指布局时要突出主桌。(2)先右后左是国际惯例,即主人右席的地位高于主人左席的地位。
(3)高近低远指按被邀请客人的身份安排座位,身份高的离主桌近,身份低的离主桌远。

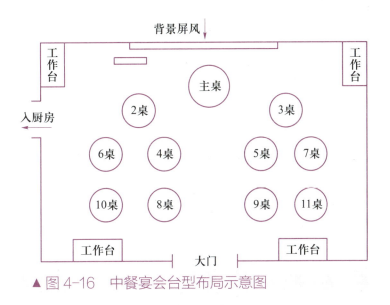

▲ 图 4-16  中餐宴会台型布局示意图

2. 座次安排

正式宴会很注重客人座次的安排。一般而言,如图 4-17 所示,10 人正式宴会座次安排
如下:主人坐在正对门的方向,副主人与主人相对而坐,主人的右、左两侧分别安排主宾和第
二主宾,副主人的右、左两侧分别安排第三宾、第四宾的座位,主宾、第三宾的右侧为翻译的座
位,有时,主人的左侧是第三宾,副主人的右侧是第二宾,其他座位是陪同、翻译席。另外,婚宴
(图 4-18)和寿宴(图 4-19)的座次安排应遵循中国传统的礼仪和风俗习惯,其一般原则是"高
位自上而下,自右而左,男左女右"。

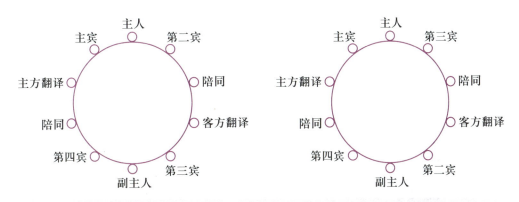

▲ 图 4-17   10 人正式宴会座次安排示意图

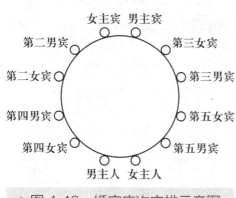
▲ 图 4-18　婚宴座次安排示意图

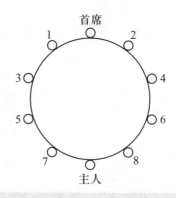
▲ 图 4-19　寿宴座次安排示意图

　　大型宴会座次安排的重点是确定各桌的主人位,以主桌主人位为基准点安排其他餐桌和餐位。目前,饭店比较常见的大型宴会餐桌安排如图 4-20 所示,各桌主人位置与主桌主人位置遥相呼应。具体地说,台型的左右边缘桌次主人位相对,并与主桌主人位成 90°,台型底部边缘桌次主人位与主桌主人位相对。

　　大型中餐宴会座次的具体安排,通常由主办单位提供主人和参加者的身份、地位、年龄等信息,由饭店填写和安排席位卡。席位卡填写要求字迹清楚,可用毛笔、钢笔书写或打印。一般中方宴请则将中文写在上方,外文写在下方。若是外方宴请则将外文写在上方,中文写在下方。大型宴会一般预先将客人桌号打印在请柬上,同时在宴会厅入口处放置宴会桌次安排平面示意图,以便使客人抵达时能根据平面示意图、请柬上的桌号和座次卡迅速找到自己的座位。

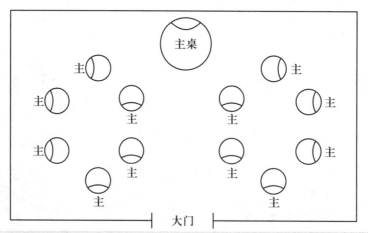
▲ 图 4-20　宴会各桌主人位置与主桌主人位置遥相呼应

## (二) 宴会的组织实施

宴会的组织实施是宴会成功举办的关键,其内容主要包括:

1.人员分工

根据宴会要求,对迎宾、看台、传菜、酒水及衣帽间、贵宾室等岗位进行明确分工,提出具体任务和要求,并将责任落实到每个人。在合理分工的基础上,餐厅服务员应做到"八知""五了解"。"八知"即知宴请规模、知宴会标准、知开餐时间、知菜单内容、知宾主情况、知收费办法、知宴请主题、知主办地点。"五了解"即了解客人风俗习惯、生活忌讳、特殊需求、进餐方式、客人的特殊爱好等。另外,餐厅工作人员还应掌握宴会的主题、目的和性质,客人有无席位卡、台型要求,司仪就餐及费用情况如何等。

2.宴会场景、台面与物品准备

宴会场景布置(图 4-21),必须根据宴会的设计方案精心实施,既要反映出宴会的特点,又要使客人进入宴会厅后有清新、舒适、美观之感。宴会需用的物品,均需提前备齐。一是准备好台面用品,要注意有适当数量的备用,以便宴会中增加人数或损坏时填补。二是备好酒水饮料及相关用具。三是备好冷菜,大型宴会一般应在 15 分钟前摆好冷菜。

▲ 图 4-21　婚宴场景布置

3.餐前检查

主要应做好餐桌、卫生、安全、设备、人员到位五方面的检查。

4.宴会的现场指挥

(1) 控制宴会进程。宴会的现场指挥,必须熟知整个宴会的策划方案,掌握主人的讲话致辞、领导敬酒、席间表演等各个细节,以便及时安排递酒、上菜等时间,同时,要掌握不同菜点的制作时间,做好厨房的协调工作,保证按顺序上菜并控制好上菜的间隔时间,防止过快或过慢,影响宴会气氛。此外,还须注意主宾席与其他席面的进展情况,适当调控两者的速度,保证整个宴会的进程顺利进行。

(2) 督导宴会服务。整个宴会过程中,现场指挥要加强巡视,及时根据宴会的进展和场上的变化,调度人员,协调好各方面的关系,并督导服务人员的工作,及时弥补服务中的不足,保证宴会服务达到规范的要求。

(3) 处理突发事件。宴会进行中,经常会出现一些新的情况和新的问题,现场指挥必须当机立断,迅速处置,把客人的问题在最短的时间内解决,把不良影响缩小到最低限度。

5.宴会的结束工作

(1) 结账工作。在宴会接近尾声时,宴会组织者应该让负责账务的服务员准备好宴会的账单。各种费用在结算之前都要认真核对,不能缺项,不能算错金额。在宴会各种费用单据准备齐全后,由饭店财务部门统一开出正式收据,宴会结束马上请宴会主办单位的负责人结账。

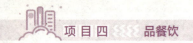 

（2）征求意见。宴会结束后,宴会组织者应主动征询主办单位对宴会的评价。

（3）整理餐厅、清洗餐具。大型宴会结束后,应督促服务人员按照事先分工,抓紧时间完成清洗餐具、清点餐具用具和整理餐厅的工作。宴会组织者在各项膳后工作基本结束后要进行全面检查,最后关好门窗、关上电灯,切断电源。

 宴会有什么特征? 未来宴会将呈现出怎样的发展趋势?

### 三、西餐服务

西餐厅主要包括咖啡厅和高级西餐厅(扒房),常见的服务方式有法式服务、俄式服务、美式服务、英式服务和自助式服务等,在服务程序上也可分为早餐服务程序,午、晚餐服务程序和西餐宴会服务程序。本书主要介绍西餐午、晚餐服务的基本环节及相关要求。

 **资料链接**

 法式服务

法式服务又称"丽兹服务",是一种周到的服务方式,由两名服务员共同为一桌客人服务。其中一名为经验丰富的专业服务员,另一名为服务员助手。

法式服务的特点是讲究礼节,注重在客人面前进行切割和燃焰表演,能吸引客人的注意力和烘托餐厅气氛。法式服务的服务周到,每位客人都能得到充分的照顾,但服务节奏缓慢,需配备客前烹制车和足够的人力。另外,法式服务的空间利用率和餐位周转率比较低,用餐费用较高。

### （一）餐前准备

1.准备物品

根据客人预订情况、当日客情、特别菜肴推销及服务的需求,备足所需餐具(图4-22)、服务用具,备好各种调味品。

2.摆台

西餐摆台(图4-23)的整体要求是餐具摆放合理、摆设配套齐全、规格整齐,既方便用餐,又利于席间服务。

▲ 图 4-22　西餐餐具

▲ 图 4-23　西餐摆台

##  资料链接

### 🔔 西餐的席位安排

西餐宴会席位安排一般遵循下列原则：

(1) 女士优先。西餐宴会中，女主人一般为第一主人，男主人为第二主人。

(2) 面门为上。西餐宴会中，面对餐厅正门的位置为尊，背对餐厅正门的位置为次。

(3) 以右为尊。西餐宴会中，主位右侧的位置为尊，主位左侧的位置为次。

(4) 交叉排列。西餐宴会中，男女席位交叉排列，熟人与生人交叉排列。

在席位安排时男女主人在长桌的中央相对而坐，此外男女主人也可分别坐在长桌两端，主宾及其夫人分别靠近男女主人的右侧入座。图 4-24 是席位安排示意图。

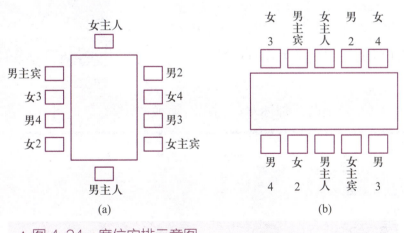

▲ 图 4-24　席位安排示意图

3.餐前检查

餐前检查西餐厅各项设施、设备是否正常运行;检查西餐厅环境卫生、温度等是否符合规定要求;检查餐具、服务用具、调味品是否齐全、充足。开餐前由餐厅经理召开餐前会。

**（二）迎宾服务**

客人到达餐厅后,迎宾员要热情主动地迎客问候,并视客人需要提供衣帽寄存服务。

迎宾员在值台服务员的协助下,帮助客人拉椅就座,服务时注意"女士优先"原则。

**（三）餐中服务**

1.点菜服务

（1）服务人员待客人坐定后,先向客人介绍开胃酒或饮料,给客人递上菜单。

（2）开胃酒服务结束后,服务员主动上前询问客人是否可以点菜。客人点菜时,服务员应主动向客人介绍和推荐菜肴。

（3）点菜时认真记录每位客人的餐位、菜肴及其要求。例如,对食物生熟程度、口味的要求,对配菜调料、上菜时间的要求。

（4）客人点菜完毕后,服务员复述确认,礼貌致谢。然后请客人点酒水,同时介绍与之相配的各种佐餐酒。

（5）将点菜单迅速传送至厨房和收银台,并根据客人所点菜肴的特点调整相应的餐具。

2.传菜服务

传菜员首先要熟悉餐厅每一张餐桌的确切位置,熟悉每桌各餐位的编号,了解本餐厅所经营的各种菜点名称、分量、样式、配料及菜式所用器皿,以便提供准确、快捷的传菜服务。

3.上菜服务

按西餐上菜顺序进行上菜服务（图 4-25）,上菜顺序一般为头牌（开胃菜）、汤类、副菜、主菜、甜点沙拉。

▲图 4-25　西餐上菜服务

4.席间服务

为客人上好主菜后,要适时添加冰水、佐餐酒,撤换餐用具,随时补充面包、黄油。

 **资料链接**

 **西餐服务知识**

● 当客人用菜后把刀、叉平行摆放在盘内,即表示这道菜已用完,服务员可以将它们撤走,如刀、叉分搭放在菜盘两边,则表示还需继续用餐。

● 上每一道菜之前,服务员都应先将前一道菜用完的餐具撤下,吃到最后餐桌上无多余物品。上点心时,连调味架一并收撤。收拾餐具直接反映服务员操作水平和餐厅档次,应熟练掌握。

● 上菜时,应先斟酒后上菜。斟好的酒杯应移至最右边,以方便客人取用。

● 西餐服务要领:左叉右刀,左菜右酒,左上右撤,先撤后上,先宾后主(先女后男)。

### (四) 餐后结束工作

#### 1.餐后结账

服务员在为客人结账前应仔细核对客人消费项目及金额,当客人示意结账时,应迅速、准确地按规范进行结账服务,并向客人致谢。

西餐厅有些客人要求分单结账,因此应注意将同桌客人的分列账单记录准确。

#### 2.送客服务

当客人离座准备离开时,服务员要为客人拉椅,提醒客人带好随身物品,与客人礼貌道别。

#### 3.餐后整理

客人离开后,服务员应首先检查有无安全隐患和客人遗留物品,然后按收台的顺序收拾餐台。

## 行业来风

### 1.公勺公筷引领"新食尚"

新冠肺炎疫情防控期间,越来越多的人意识到,科学防疫、避免病毒交叉感染需要重视细节,而日常用餐环节不容忽视。11位疾控专家曾做过一个实验,测试使用公筷与否对用餐后细菌数量的影响,发现菌落总数最大相差250倍。主动使用公筷公勺、践行分餐制,养成文明就餐良好习惯,能够有效避免"病从口入",降低病毒传播风险。

2021年1月5日,商务部发布《餐饮服务单位新冠肺炎疫情常态化防控技术指南》。其中要求,对于合餐顾客,餐饮服务单位应提供"一菜一公筷、一汤一公勺",或者"一人一公筷、一人一公勺"服务,公勺公筷宜采用不同颜色、材质或突出标识等醒目的方式进行区分。鼓励提供密封包装的牙签。有条件的餐厅(馆)要积极推广分餐制。提倡就餐时间不超过两小时。

制作带有"公"字标识的公筷公勺,提供的公筷比普通筷子长3厘米,严格做好公筷公勺清洗、消毒工作,创建"放心餐厅"作为示范……随着北京、上海、广州等多地积极鼓励使用公勺公筷、推行分餐制,一系列可操作性较强的地方标准与行业指南陆续出台,有力推动文明用餐理念更加深入人心。随着越来越多人参与其中、自觉践行,相信舌尖上的"新食尚",也能促进文明健康的"新风尚",让我们的生活更美好。

公筷公勺仿佛一面镜子,映照着公共卫生意识与社会文明风貌。疫情防控是对病毒的战斗,也是对生活方式的检验、健康习惯的重塑、文明素养的培育。尊重他人就是尊重自己,保护他人也是保护自己。培养良好生活方式,涵养社会公共文明,我们就能为爱国卫生运动凝聚强大力量,让文明习惯覆盖每一个生活细节。

### 2.职业点菜师

不少客人走进餐厅都会有这样的感觉:接过服务员递过来的菜单,看着菜单上名目繁多、五花八门的菜名,翻来覆去无从下手,不知道点什么菜好。而且,现在去饭店就餐的客人,不仅要求吃饱吃好,而且讲究营养保健,有些客人还对饮食文化有浓厚的兴趣。

针对以上情况,一种新的服务方式和岗位出现了,这就是职业点菜师或专业点菜师。目前,在我国一些地区的中高档饭店,点菜师十分受欢迎。职业点菜师服务不同于传统意义上的服务员点菜服务。传统的服务员点菜是客人说、服务员记,而点菜师则与客人进行更多沟通和交流,给予客人更多的相关介绍,为客人点菜出谋划策。另外,职业点菜师还善于向客人推介餐厅创新菜肴,有助于提高餐厅营业额。

职业点菜师的出现是饭店在传统点菜服务上的一种升华,不但顺应了市场,方便了消费者,也提升了餐厅的品位。可以预见,掌握餐饮、营养、保健等知识,了解消费者心理,具有娴熟的服务技能的职业点菜师将成为餐饮业中一个前景十分看好的新岗位。

### 思考练习

一、填一填

1.餐饮服务具有_____、_____、_____、_____等特点。

2.餐厅选用背景音乐应遵循三个原则:一是_____;二是_____;三是_____。

3.我国的八大菜系为_____、_____、_____、_____、_____、_____、_____、_____。

4.中国白酒的特点是_____、_____、_____。

5.中餐宴会台型布局一般遵循"_____、_____、_____"的原则。

## 二、判一判

( )1.餐饮成本控制是降低餐饮成本、增加企业盈利的必要措施。

( )2.餐厅员工制服的选择应考虑制服的面料、式样、价格三方面因素。

( )3.在西餐多种烹调方法中煎、烤、焗最具特色。

( )4.被称为"葡萄酒之女王"的是产自法国波尔多地区生产的红葡萄酒。

( )5.控制好宴会进程是保证宴会顺利进行的关键。

## 三、答一答

1.餐饮部有哪些工作职责?

2.中式烹饪的主要特点有哪些?

3.酒有哪几类分类方法?

4.简述中餐宴会台型布局原则。

5.简述西餐上菜顺序。

 拓展课业

## 活动一:体验餐饮服务

**活动目的**:了解餐厅服务流程和对客服务。

**活动形式**:去餐厅就餐或参观调查。

**活动任务**:1.前往某餐厅就餐,或以小组为单位,参观当地一家星级饭店餐厅。

2.观察了解餐厅的运作过程,思考所参观餐厅在服务流程设计方面有何特色。

3.观察服务员是如何提供对客服务的。

4.对照所学的餐饮服务知识,谈一谈你对该餐厅服务质量的看法。

**收获体会**:_____

_____

**教师评价**:_____

_____

## 活动二:欣赏餐厅菜单

**活动目的**:通过浏览阅读菜单,了解餐厅提供菜点的种类和风格。

**活动形式**:团队作业。

**活动任务:** 1.浏览一家饭店餐厅的菜单,仔细阅读其内容。

2.菜单上的菜名有何特点,有什么酒水饮料,价格如何?

3.观察菜单的设计风格,结合该饭店特点,讨论此菜单的设计是否成功,并说明理由。

**收获体会:** _____

_____

**教师评价:** _____

_____

# 项目五

# 享康乐

休闲才是一切事物环绕的中心。休闲是哲学、艺术和科学诞生的基本条件之一。

随着闲暇时间的增多,人们越来越关注精神追求和身心健康。参与富有乐趣的、轻松的活动和锻炼是人们调节心理、增强活力、提高健康水平的有效途径。

康乐,是健康娱乐的简称,指满足人们健康和娱乐需要的一系列活动。现代康乐是人类物质文明和精神文明高度发展的结果,也是人们精神文化生活水平提高的必然要求。饭店的康乐服务正是在这种市场需求之下应运而生的。就饭店康乐服务设施和项目而言,包括康体休闲、保健休闲、娱乐休闲三大类型。

 学习目标

1. 了解器械健身、球类和游泳等康体休闲运动的历史沿革、活动规则及与身心健康的关系,知晓部分康体休闲项目的服务流程。
2. 了解健身浴、保健按摩、美容美发等保健休闲项目的特点,知晓部分保健休闲项目的服务流程。
3. 了解歌舞类、游戏类、附属类等娱乐休闲活动的内容,知晓部分娱乐休闲项目的服务流程。

## 任务一 了解康体休闲项目

### 活动导入

活动主题:接触康体休闲项目

活动步骤:1.实地调研当地的一家知名饭店,参观饭店的康体休闲项目。

2.了解饭店康体休闲项目的经营状况。

### 学习导读

康体休闲项目是一项具有健身功能的休闲体育活动。它是人们借助一定的康体设备设施和环境,通过主动参与活动,在愉快、放松的气氛中达到锻炼身体、增强体质的目的。康体项目不同于田径、足球、棒球、篮球等专业体育项目。专业体育项目虽然也能锻炼身体、增强体质,但往往以参加各种专业比赛为最终目的,而且技巧性很强、难度较大,不易为大众所接受。而康体休闲项目只是体育项目中的一小部分,具有易接受性、娱乐性、趣味性。饭店的康体休闲项目通常包括器械健身、球类活动和游泳等形式。

### 学习内容

#### 一、器械健身

现代社会,随着人们生活节奏的加快,每个人都承担着各种各样的压力,人们希望充分利用宝贵的闲暇时间,放松精神、恢复体力、增强体质,健身就成了人们不可缺少的活动。健身在欧美等发达国家早已普及,改革开放后逐渐在我国出现,并有了很大的发展。健身房也渐渐成为饭店康乐部的主要设施,它不仅能提供设备齐全、安全的场所,而且能使人在汗水的排放中身心舒畅,从而解除工作疲劳和精神压力,恢复活力。

#### (一) 健身房的构成

1.体能测试中心

一个完善的健身中心,都必须有体能测试设备,以便客人在运动前,对自己的体能、体质、体形有一些了解,根据自身情况编排合适的运动程序及难度。体能测试中心的主要设备有:肺功能分析仪、计算机脂肪测量仪、电子心率显示仪,心率、血压及重量组合仪。

2.器械健身房

器械健身房(图 5-1)为客人提供各种先进的器械设备,以进行力量、肌肉训练和心肺功能训练,使身体得到均衡的发展。饭店的健身器械主要有:跑步机、自行车练习器、划船模拟机、台阶练习器(登山机)、模拟游泳训练器、攀岩练习器、健骑机和多功能综合练习器。

3.健美体操房

健美体操房也称有氧韵律室,设备设施简单,主要有哑铃、踏板、软垫、按摩器等。体操房要求装修格调要简洁明快,四壁都装有镜子,以便于客人观察自己的锻炼姿势是否正确、优美,镜前应设把杆,地面应是有弹性的木制地板或地毯。四季有空调,注意加强空气的流动,并根据需要设置背景音乐系统。

各种徒手健美操又称有氧操,通过各种身体动作的编排、一定的训练强度,使呼吸和心跳加快,血流加速,血氧浓度提高,以满足全身肌肉对氧气的需求,达到消耗身体中的多余脂肪、提高心肺功能、增强肌肉的柔韧性、改善体形的功效。

▲ 图 5-1　器械健身房

### (二) 健身房的服务与管理

1.准备工作

(1) 按规定穿好工服,佩戴好胸卡,仪容仪表要整洁、大方、得体。提前到岗,参加班前会议,接受和明确当日任务。

(2) 打开照明灯,要求室内采光均匀,符合照明规定。开启空调,保持适宜的空气温度和湿度。打开通风装置,保证一定的换气量。开启音响设备,调试背景音乐效果。

(3) 做好健身房、休息区、更衣室、卫生间的清洁卫生工作。保养、清洁器械,并摆放整齐。准备好为客人服务的各种用品,如纯净水、纸杯、毛巾。

2.接待工作

(1) 客人来到健身房时,主动热情地问候,表示欢迎。核对票券、房卡或会员证,做好登记。发放更衣柜钥匙、毛巾等用品。

(2) 配合专业医师对客人进行体能测试,设计运动计划,建立健康档案。在客人健身时,根据客人要求提供讲解、示范服务,并密切关注客人的安全。

3.结束工作

客人离开时主动道别、致谢。清洁健身房环境,清洁器械,清点物品。核对营业单据,做好记录。关闭空调、照明等设备。

**资料链接**

 **健身注意事项**

**1.必要的热身活动**

热身是运动前的必要过程。提醒客人花上 5~10 分钟的时间做热身,让身体完全地活动开,有稍稍出汗的感觉是最好的,这一步是健身锻炼的良好开端。

**2.必要的伸展运动**

健身练习之后的伸展运动可以帮助放松肌肉,防止第二天的肌肉酸痛。

**3.避免过激的运动**

健身需要一直坚持下去,所以可以选择较轻松的锻炼。不要过分给自己压力,并持之以恒,我们就会从中受益。

**4.运动中不要吃喝**

任何不超过 2 小时的运动,都不要求必须补充体力。只要在运动之前的 1 小时内,确保进餐就足够了。另外,纯水比运动饮料更有益于身体,拒绝酒精含量高的饮食。

**5.运动后需要"冷却"**

健身后需要时间恢复平静,让心率重归正常。提醒客人可以缓缓地放慢动作,直到心跳还原至每分钟 120 下或更少。

## 二、球类活动

### (一)保龄球

保龄球(图 5-2)又称"地滚球",是一种在木板球道上用球滚击木瓶的室内体育运动。"九柱戏"是现代保龄球运动的前身。最初,它只是天主教仪式活动的一个组成部分,是用来测量教徒是否虔诚的尺度。到了 13 世纪,英国开始在草坪上玩保龄球,当时的目标仅有一个木桩和一个圆锥体。到 14 世纪,这种游戏在英国蓬勃发展,目标由 1 个柱子增加到 9 个柱子,英皇爱德华三世唯恐此项活动会妨碍箭术

▲ 图 5-2 保龄球

的练习,曾下令禁止"九柱戏"游戏。此后在相当长的一段时间里,受禁的保龄球成为一种赌博形式,盛行于地下的私人酒吧。到了19世纪中叶,马丁·路德还专门对这种运动的玩法、球和瓶的大小做了统一的规定,其将9个瓶排列成菱形,用大软球投击瓶子,一直投到瓶子被全部击倒,谁投球次数少谁就胜。从此,9瓶式保龄球开始风行欧洲,特别是在德国和荷兰。

现代的保龄球比赛分个人赛和多人赛。比赛时,在球道终端放置10个木瓶成三角形,参加比赛者在犯规线后轮流投球撞击木瓶;每人连续投击两球为1轮,10轮为一局;击倒一个木瓶得1分,依此类推,得分多者获胜。

保龄球运动集竞技、锻炼、娱乐、趣味于一身,是一种全身运动,能加强人体血液循环,对神经衰弱、肩周炎等疾病有显著的改善作用,并对青少年身体的正常发育有很大益处。因此,这项活动为绝大多数民众所接受,成为人们锻炼身体、娱乐休闲的流行项目之一。

### (二) 台球

目前,不少饭店的康乐设施中有台球房或称斯诺克房。台球(图5-3)是一种历史悠久而且普及的娱乐项目,起源于欧洲,在贵族中流行。现代台球比赛中,选手们仍然穿着西装、皮鞋,打着领结,这是唯一穿着西装比赛的球类运动。

台球是一项集体力与智力、轻与重、刚与柔于一身的室内体育运动。世界上第一张台球桌出现在1400年前,当时球桌上没有袋子,只有拱门或门柱。

▲图5-3 台球

在台球桌出现以前,人们是在户外的地上玩一种被称为滚球的游戏。后来这种游戏被人移到室内的台桌上,于是滚球游戏变成了室内的桌上游戏。不久桌面上被人们开了几个洞,于是这种室内桌上游戏的趣味性大增。在英国的维多利亚女王时代,台球作为一项正式的娱乐项目,进入了英国上流社会。1510年,台球娱乐活动开始受到法国人的喜爱。在路易十四时期,台球活动蔚然成风,一些社会名流将它作为一项高尚的娱乐活动来推崇。而台球(billiards)的名称却是来源于法语。20世纪初,台球游戏开始逐渐变成了竞技运动项目,其标志之一就是在世界不同国家和地区相继成立了台球竞赛管理的机构。

世界流行的台球种类主要分为英式台球、美式台球、法式台球和开伦式台球,这是按照台球起源划分的。英式台球又包括英式比例台球和斯诺克台球(snooker)两大类,主要流行于英国和欧洲大陆。斯诺克台球也是世界流行的主流台球项目。斯诺克比赛由两个或两个以上的人单独或分边进行。比赛时,选手们使用相同的主球击打目标球。共有21只目标球,其中:15只红色球各一分;黄色球2分;绿色球3分;棕色球4分;蓝色球5分;粉色球6分;黑色球7分。选手们的标准击球顺序是:将红色球与彩色球分别交替落袋,直至所有红色球全部离台,然后按彩色球分值由低至高的顺序击球直至全部离台为止。台球运动的运动量不大,是静中有动的一项高雅活动,能陶冶人们的情操,培养人们的意志力、耐力、自控力,既是一种娱乐活动,也是一种交际活动。

### (三)网球

网球运动是现代人的主要休闲体育运动之一,人们在奔跑、挥拍中身体得到了锻炼。网球运动也能帮助训练人的判断力与反应力。由于运动量可以由活动者根据自身情况控制,因此无论男女都能轻松享受挥拍上网的乐趣。

网球运动起源于12—13世纪的法国。一些修道院的僧侣为了改变单调的生活,发明了手掌击球游戏,球用布缝制,里面塞满毛发。此项游戏后传入宫廷之中,颇为流行。此后英国人发明用羊皮拍打球。到19世纪中期,开始用橡皮做球,以埃及坦尼斯镇生产的球最为有名,故人们称这项运动为坦尼斯(tennis)。球拍也改为弦线制成的球拍。之后,网球运动流传到美国等地,得到了普及与发展。1940年后网球传入中国。网球作为健身娱乐活动受到越来越多人的喜爱。

网球比赛分为单打和双打两种形式。球员用网球拍将球击过网,落入对方的网球场地上。每位球员的目的都是尽力将球打到对方的场地上去。双方来回进攻和防守,直到有一方将球打出界或没接到球。

### (四)壁球

壁球(图5-4)是近年来开始流行的一种网球派生运动。这种运动的球拍、打球的规则与网球有许多类似的地方,所不同的是,壁球的比赛双方不是隔网交战,而是并排站立,面对墙壁用力击球,待球反弹后由对手接击。壁球由于打法与网球十分相似,因此有"软式网球"之称。饭店可以通过壁球室的设置来满足客人壁球活动的要求。

▲ 图5-4 壁球

 **资料链接**

🔔 **壁球规则**

发球时至少一脚须踩在发球区内,将球直接发至前墙发球线以上、界外线以下并反弹至对方四分之一球区内才算有效。第1局发球权用转拍方式决定,取得发球的一方得胜,该球才能算分,若失误,对手得胜不计分,只得发球权。发球区分左、右边,当发球方第1次在左方发球区得胜后,必须转换至右方发球区发球,再得胜后换至左方发球,直至连续取得9分,才算获得1局胜利。

### (五) 高尔夫球

高尔夫球运动(图5-5)是一项古老的贵族运动,它起源于15世纪的苏格兰。相传当时牧羊人放牧闲暇时,用木板将石子击入兔子窝或洞穴中,久而久之形成了使用不同的球杆并按一定规则击球的玩法。苏格兰地区冬季非常寒冷,每次出去打球时,人们总爱带一瓶烈酒放在口袋中,每次发球前先喝一小瓶盖酒。一瓶酒18盎司,而一瓶盖正好1盎司。打完18个洞,酒也喝完了,也该回去了。时间长了,很多人便认为打一场球必须打完18个洞。

▲ 图5-5　高尔夫球

高尔夫球运动是一项高雅的、深受人们喜爱的绅士运动,由于受客观条件的限制,高尔夫球运动很难推广。为了满足人们对这一运动的需求,各种简化、变形的高尔夫球运动应运而生。其主要形式有标准高尔夫球、微型高尔夫球和室内模拟高尔夫球。饭店主要提供室内模拟高尔夫球项目。

打高尔夫球,参加者一般2~4人为一组,在开球区依次用球杆把各自的球击出后,一起经通道走向球的落点,继续击球,直至将球击入洞穴。标准的高尔夫球比赛为72个洞,在18个洞穴的球场上需要循环4次。

## 资料链接

### 中国是高尔夫球的故乡

据历史记载,最早的高尔夫球应该是出现于中国五代时期的"捶丸"。宋元之际,"捶丸"活动流行于我国北方民间,尤其为士兵们所喜爱,有宋代的一张捶丸图可以佐证。捶丸游戏有球场、球棍、球洞,与今天的高尔夫球运动颇为相似。

### (六) 沙滩排球

许多滨海饭店拥有自己的沙滩,饭店拥有专门的沙滩排球场。沙滩排球(图5-6)起源于20世纪20年代的美国。加州的莫尼卡被认为是沙滩排球的发源地。头顶蓝天,沐浴阳光,光着脚在金色柔软的沙滩上,尽情地跳跃、翻滚、流汗、享受着美妙的时光。沙滩排球以自身特有的魅力越来越受人们青睐。

沙滩排球的基本规则、场地大小、排球大小、得失分和交换发球权等方面与室内排球运动基本一样。柔软洁净的场地,长、宽各为 8 米和 16 米,但场内没有发球区和前后排的限制。一般采用 3 局 2 胜制,每局握有发球权一方才能得分,先得 21 分者赢得一局。其实,这项运动更具休闲和娱乐性,对种种规则大可置之不理,甚至可以自定规则,对于服装的要求也非常宽松,背心、短裤、遮阳帽、太阳镜随意穿戴。对于大多数人而言,沙滩排球的魅力在于轻松随意和热闹有趣。

▲ 图 5-6 沙滩排球

为提供优质的球类健身服务,服务员要在营业前做好一切清洁工作,包括球场、休息区、服务台、大厅地面、更衣室、卫生间等。准备好经营用的各种表格、票据。维修技师要检查各类机械系统,保证系统正常运转。接待时,根据客人要求、人数及场地租用情况做好安排。如客人需要陪打或教练,应做出相应安排。客人娱乐时,提供巡视服务。当客人在运动间隙休息时,接待员应主动询问其是否需要饮料、小吃等,并迅速予以服务。客人打球结束后,服务员应协助办理结账手续,并向客人致谢道别。有些饭店的康乐设施对于住店客人是免费的,所以要请住店客人出示房卡以便确认,并做好记录。

### 三、游泳

游泳是一种水上运动。它运用头部、躯干、手臂、腿的动作,使身体自由地在水中活动。游泳能够很好地促进身体新陈代谢、改善人的体温、提高心肺机能、锻炼全身的肌肉,并有效地提高人体各部位的协调能力。

17 世纪 60 年代,英国不少地区的游泳活动就开展得相当普遍。随着游泳活动的日益普及,1828 年,英国人在利物浦乔治码头修造了第一个室内游泳池。随着游泳运动的发展,游泳又细分为实用游泳、竞技游泳和花样游泳。实用游泳又分为侧泳、潜泳、反蛙泳、踩水、救护、武装泅渡;竞技游泳分为蛙泳、爬泳、仰泳、蝶泳等,而且成为康体休闲的重要项目。

 **资料链接**

**游泳的好处**

1.增强心肌功能。在水中运动时,血液循环加快,心脏跳动频率加快,收缩强而有力。经常游泳的人,心脏功能好。

2.增强抵抗力。在水中耗能大,使人体新陈代谢加快,增强人体对外界的适应能力,

3.减肥。水中运动阻力大,导热性能也好,散热速度快,因而消耗热量多。游泳是保持身材最有效的运动之一。

4.健美形体。人在游泳时,身体能得到全面、匀称、协调的发展,使肌肉线条流畅。

5.加强肺部功能。游泳促使人呼吸肌发达,对健康极为有利,是改善和提高肺活量的有效手段。

饭店在进行游泳池(图 5-7)的服务与管理时,尤其是要注意清洁卫生和安全。每天在对客人开放前,要做好游泳池水的净化工作。参照《公共场所卫生指标及限值要求》(GB 37488—2019),游泳池水温应保持在 23~30℃,同时要注意清洁游泳池边及相关用具卫生,如清洁泳池边的瓷砖、跳台,淋浴室的地面、镜子,卫生间的洁具,并用消毒液按规定比例稀释后对水池边的躺椅、座椅、圆桌以及更衣室的长椅等进行消毒。另外,救生员应注意巡视水中情况,特别是深水区。注意对初学者和儿童的关照,劝阻其进入深水区,以确保客人安全。

▲ 图 5-7　饭店游泳池

 **想一想**　饭店室内外儿童游泳池可以开展哪些安全的趣味活动?

## 任务二　了解保健休闲项目

### 活 动 导 入

活动主题:走访饭店保健休闲项目

活动步骤:1.实地走访一家饭店的保健休闲项目。

2.向同学们介绍这家饭店的保健休闲项目特色。

 **学习导读**

保健休闲项目指人们通过接受一定的保健服务,从而达到放松身心、恢复体力、振作精神、消除疲劳、养护皮肤、改善容颜等目的的活动项目。保健休闲项目的特点是活动的被动参与性较强。饭店的保健休闲项目主要包括健身浴、保健按摩、美容美发等形式。

**学习内容**

### 一、健身浴

洗浴是人们日常生活中的清洁活动,它不但能清洁个人卫生,而且有提神解乏的功能。现代浴室环境幽雅,服务周到,洗浴成为一种享受。随着人们生活水平的提高,越来越多的人开始追求和讲究洗浴的方式。结合现代人追求身体健康的需要,饭店在传统洗浴设施的基础上加入了高科技手段,使之更有益于人们的身体健康,洗浴也已经超出原有清洁的本意,成为保健身体、享受情趣的一种休闲形式。饭店提供的洗浴项目主要有:SPA、桑拿浴、冲浪浴、光波浴、矿泥浴、香水浴、牛奶浴、鲜花浴、药浴等,统称为健身浴。

---

 **资料链接**

🔔 **多样的洗浴文化**

- 芬兰蒸气浴:英文名为 Sauna,中文译成桑拿。

- 日本温泉澡:日本本土境内多火山,温泉不仅数量多、种类多,而且质量很高。各地几乎都有有名的温泉,对日本人来说泡温泉是一种享受,更是生活中必不可少的一部分。

- 罗马尼亚泥澡:罗马尼亚人喜欢从河里挖出黑乎乎的烂泥巴,抹遍全身,只露出两只眼睛,然后跑到太阳下晒干,让皮肤有收缩的感觉。澡堂的老板用挖土机从池塘里挖出一大堆烂泥巴,送到浴室的大浴桶里,然后在底部加热,沐浴者在里头躺上几个小时,据说能达到收缩皮肤、美容养颜的效果。

- 美国加利福尼亚州热桶浴:在美国加利福尼亚州一带有一阵子很流行桶浴,用大木桶烧水沐浴,一时蔚然成风。

---

SPA 是饭店最常见的健身浴种之一。

从狭义上讲,SPA 指的就是水疗美容与养生。形式各异的 SPA,包括冷水浴、热水浴、冷热水交替浴、海水浴、温泉浴、自来水浴,每一种浴都能在一定程度上松弛、缓和紧张、疲惫的肌肉和神经,排除体内毒素,预防和治疗疾病。另外水疗配合各种芳香精油按摩,会加速脂肪燃烧、具有瘦身的效果。

从广义上讲,SPA 包括人们熟知的水疗、芳香按摩、沐浴、去死角等。现代 SPA 主要透过人体的五大感官功能,即听觉(疗效音乐)、味觉(花草茶、健康饮食)、触觉(按摩、接触)、嗅觉(天然芳香精油)、视觉(自然或仿自然景观、人文环境)等达到全方位的放松,将精、气、神三者合一,实现身、心、灵的放松,如今 SPA 逐渐演变成现代美丽补给的代名词。

### 二、保健按摩

在饭店保健休闲项目中,绝大多数健身浴都配有按摩项目。因为进行一次健身浴后,客人会感到乏力,通过按摩能够彻底消除疲劳。按摩是专业按摩人员通过特定的手法或特定器械设备,作用于人体表面的穴位等特定部位,调节肌体的生理状况,从而达到消除疲劳、恢复体力、振奋精神的效果的一种保健休闲项目。

按摩依据东方医学中人体穴位、经脉原理,在人体的各有效部位进行推、拿、压、拉,从而理顺经络,扶正祛邪,达到健身的目的。现代康乐中的按摩越来越多地使用先进的高科技设备以达到更好的按摩效果,因此按摩又分为人工按摩和机器按摩。

#### (一)常见的按摩方式分类

1.中式按摩

中式按摩是以中医理论为基础的保健按摩;以经络穴位按摩为主,其手法渗透力强,可以放松肌肉、解除疲劳、调节人体机能,具有提高人体免疫能力、疏通经络、平衡阴阳、延年益寿的功效。

2.泰式按摩

泰式按摩是流行于泰国的一种按摩方式,以活动关节为主,无穴位之说,不同于中式按摩。简便易学,难易适中,实用性强。泰式按摩非常注重背部、腰部的舒展,令身体、精神和心灵回复平衡,促进血液循环、呼吸系统、神经系统、消化系统运作正常和肌肉皮肤新陈代谢。

3.韩式按摩

韩式按摩是从韩国家庭按摩中演变而成,也被美容界称为韩式松骨。除了松骨这一大显著特征外,推油和热敷也是韩式按摩手法中的经典动作。

#### (二)如何做好保健按摩的服务工作

(1)保健按摩服务人员应具有医疗保健和按摩服务专业技术知识,熟悉人体穴位和全身与局部按摩操作技巧,且受过专业培训并有一定的实践经验。

(2)熟练掌握按摩室工作内容、工作程序。穿着按摩室专用工作服上岗,颜色标志醒目。

(3)服务热情、礼貌、大方,但又掌握分寸。

　　(4) 提供预订服务时,可视情况主动向客人介绍按摩种类、特点,耐心、细致地帮助客人选择按摩项目,并准确记录客人姓名、房号、电话、按摩项目等信息,且经复述确认。

　　(5) 每日营业前做好按摩室、休息区、更衣室、沐浴室与卫生间的清洁卫生工作,认真细致地检查按摩室设施、设备,保证按摩设施的卫生,保持各种设备完好。

　　(6) 正式营业前准备好为客人服务的各种用品,做好个人卫生,精神饱满地准备迎接客人。进行接待服务之前,提前换好工作服,整理好服务台卫生专用品。

　　(7) 客人来到按摩室,主动问好,迎接、询问客人有无预约时要热情、礼貌。开始按摩前,向客人提供整洁干净的专用按摩衣和消毒后的拖鞋。

　　(8) 开始按摩前,热情、礼貌、耐心地询问客人需要按摩的项目、部位。按摩过程中,每一个按摩项目均按操作程序和技术要求操作。要细致观察客人反应和面部表情,做到时间够,按摩部位、穴位准确,力度掌握适当,绝对保持安静。

 **案例选读**

### 📱 客人泡温泉晕倒

　　一天,服务员小李在温泉池区服务,突然听到一阵急促的呼叫服务员的喊声。"出事了!"当时服务员小李的脑子里闪过了这么一个念头,因为这呼叫声太过于急切,不同于一般需要常规服务的呼唤。小李随着呼叫声赶到了更衣室,看到一位客人半靠在梳妆椅上,旁边围着几位客人,原来有客人晕倒了。

　　"快,小兰,你赶快去给客人泡杯糖水。麻烦大家不要靠近,让这位大姐透透气。"小李镇定地处理着。接着,小李立即给驻店医生打了电话,并向经理反映了此事。

　　不到3分钟,糖水送来了。医生赶到现场,经理也急匆匆赶了过来,而小李也在为客人搓揉手脚中了解到客人晕倒是因为对温泉的热度不适应,加之又是第一次泡温泉,心情比较急切,一时高兴,出现了晕厥情况。

　　喝过糖水的客人很快就清醒过来了。经过驻店医生诊治及与客人对话了解到,客人并无心脏病或其他疾病,确实是因为过于兴奋而出现了晕厥现象,只要休息一下就可以了。

　　饭店在处理这件事时所体现出的自信及专业,让在场的客人连连夸奖,称赞其不愧是五星级饭店。

### 三、美容美发

　　美的形象能使人增添信心,保持良好心态。客人在饭店美容美发厅里除了进行清洗、修理头发和清洁面部外,还可以获得专业的头部按摩、皮肤护理、整体形象设计和美化服务,这都能使客人得到放松和享受。美容美发厅的这些功能使它成为饭店康乐服务不可缺少的项目。美容厅专门为客人提供化妆、面膜等服务。美发厅专门为客人提供洗发、吹发、剪发、烫发、染发和护发等服务。

## 任务三 了解娱乐休闲项目

活动主题:分享你知道的饭店娱乐休闲项目

活动步骤:1.根据自己的旅行经历或查阅相关资料,总结你知道的饭店娱乐休闲项目。

2.分小组讨论,饭店现有的娱乐休闲项目具有哪些特点?未来有哪些发展趋势?

### 学习导读

娱乐休闲项目指通过提供一定的设施、设备和服务,使客人在参与中得到精神满足的游戏活动。娱乐休闲项目与康体休闲项目既有区别又有联系。其区别在于:康体休闲项目多为体育运动项目移植转化而来,娱乐休闲项目是以娱乐功能为主的游戏活动。其联系在于:这两类项目都具有很强的娱乐性和趣味性。有个别项目本身就同时具有双重特点,例如属于娱乐休闲项目的体感游戏机中的拳击台。娱乐休闲项目主要包括歌舞类、游戏类和附属类。

#### 一、歌舞类

KTV 即 Karaoke TV(图 5-8)。饭店 KTV 常与舞厅结合。一般都有一个较大的主厅,以及若干个小型副厅,也被称为包间或包厢。主厅是歌厅的公共活动区,使用面积一般在 80 平方米以上,大的可达几百平方米。歌厅墙面要有较强吸音功能,歌厅之间要隔音,在面对观众席的舞台两侧应设大屏投影设备,室内要有良好的通风设施和消防设施。沙发不可摆放太紧,要留有通道,以便服务员端送酒水和传递歌单。

#### 二、游戏类

游戏类娱乐主要是客人借助一定的场地设施设备条件,在一定规则的约束下运用智力和技巧进行比赛或游戏,获得精神享受的娱乐项目。游戏不一定要付出很大的体力,但需要一定的智力和技巧。传统的游戏项目有各种棋类、牌类、飞镖等,现代娱乐游戏有电子游戏、计算机游戏等。

## （一）棋牌

棋牌是中国人很喜爱的娱乐项目，多数饭店康乐部都设有棋牌室。棋牌室设备简单，投资不大，主要是为客人提供专用的桌椅和质地优良的棋牌用具。主要游戏项目有麻将、国际象棋、中国象棋、围棋、桥牌等。

▲ 图 5-8　KTV

## （二）电子游戏

电子游戏是利用电子设备和计算机程序设计的各种对抗性游戏，以其挑战性、竞争性和逼真的声音、图像效果吸引着人们。电子游戏由客人控制，运用人的智力与反应能力完成游戏任务。设立电子游戏室，投资回收较快，经济效益较高。它的主要类型有普通电子游戏、电子模拟机和计算机游戏。

### 三、附属类

酒吧是各种娱乐场所不可缺少的附属设施，随着时代的发展，除传统类型外，又出现了氧吧、网吧、茶吧等新的吧型，每一种类型都有自己的特点和功能，但不管何种酒吧，其经营目的都是相似的，即为客人提供服务并获得利润。由于娱乐经营的特点，酒水是娱乐经营活动中销售最多、成本最低、收益最大的项目，因此，酒吧在娱乐经营中占有重要位置，饭店大中型康乐设施如舞厅、KTV、保龄球馆等都设有酒吧。

### （一）传统酒吧

1.酒吧的传统类型

（1）站立酒吧。站立酒吧是最常见的一种酒吧。客人坐在吧台前的高脚凳上喝酒，调酒师站在吧台里面，在客人面前调兑酒水并服务。由于要长时间地在客人面前工作，所以酒吧服务员不仅应始终保持仪容整洁，态度礼貌，正确地调制酒水饮料和收款，而且其操作应具有艺术性和表演性。

（2）鸡尾酒廊。在多数情况下，鸡尾酒廊（图5-9）有音乐伴奏或其他形式的娱乐。其酒吧较为特殊，有时会有几个吧台，所以需要多名服务员。鸡尾酒廊的吧台设计与站立吧台的设计基本相同，酒廊设有桌子和椅子，环境更为舒适、高雅，过道应使客人与服务人员能方便地到达所有的区域。在大多数酒廊，还提供一块空间供客人跳舞。

（3）主题酒吧。主题酒吧是以某种专业活动为主题进行装修、布置的，如足球吧、拳击吧、爵士乐酒吧、攀登酒吧。这些类型的酒吧在国内外许多大城市得到发展，而且越来越受欢迎，所吸引的客人大多数是这些活动的爱好者。这种酒吧兼有俱乐部和沙龙的性质，客人们在酒吧里边饮酒边观看比赛、表演的直播或录像片，并进行自由的交流。在主题酒吧里能够遇上许多有共同爱好的知音,因此主题酒吧也很受欢迎。

2.酒吧服务工作的基本要求

（1）准备工作。酒吧服务员应按规定穿着工作服,佩戴好胸卡,仪容仪表要整洁、大方、得体。提前到岗,接受任务。营业前做好一切清洁工作,包括吧台、设备、用具、大厅地面、更衣室、卫生间等,准备好经营用的各种表格、票据等,清点酒水饮料,及时补充。

▲图5-9　鸡尾酒廊

（2）接待工作。客人进入酒吧时微笑并主动问候,礼貌接待。引领客人入座,接受客人点酒或饮料。调酒师迅速、正确调制酒和饮料,要控制酒精饮料的耗量,准确地计量饮料和酒。当客人要求免费提供饮料时,应当由领班和主管处理。按照客人的喜好选择电视频道或音乐的类型。在与客人接触时,保持冷静,当客人点酒超过支付能力或酒精承受能力时,酒吧服务员应当予以注意。对于喝醉酒的客人要请安保部来处理,防止自身受到伤害,或可能干扰妨碍别人、破坏酒吧气氛,甚至发生侵害其他客人的人身及财产安全的行为。酒吧服务员应友好、热情地接待客人,但自己不能在工作中喝酒或饮料。

（3）结束工作。客人消费结束后,服务员应准确开具账单,账款当面点收。主动与客人告别,欢迎客人再次光临。营业结束后,统计售出的酒水饮料,清点所收的钱款,扣除营业前留用的零钞,将营业收入统计后交归财务部门。另外,还需要清点存货,清洗酒吧设备、用具和酒杯。

### （二）新兴吧型

#### 1.氧吧

氧吧与普通酒吧的不同之处在于,除了提供一般酒吧所具有的幽静环境和酒水服务之外,还供应一种特殊的商品——氧气。现代大都市,人们的生活节奏很快,工作紧张,在这样的情境下,时间久了就会使人感到头晕、乏力、心悸气短,反应迟钝,注意力难以集中,使人失去应有的活力,这些有可能是缺氧的结果。氧吧,即通过特制的管道让客人呼吸到高于大气氧浓度的纯净氧气,来缓解疲劳,放松自己,重新获得一种休闲后的活力。

目前比较常见的是氧吧KTV,这是以氧气供应为特色的KTV,既可享受氧吧的舒适,也可感受娱乐KTV的氛围。包厢里加了氧气会让人觉得更舒适,还可去除空气里的异味,消除包厢里的酒气,给包厢营造清新的感觉。

▲图5-10　茶吧

#### 2.茶吧

与酒吧比较,茶吧(图5-10)更具中国传统特色,它是一种以茶艺、茶道传播中国文化为特色的休闲场所。茶吧除了提供茶水服务外,还提供简单的茶点,以便客人久坐。茶吧的装潢通常应古朴清雅,装饰品多与茶具、陶艺、琴、棋、书、画等相关,气氛讲究清、廉、和。客人一边品茶,一边听古典音乐,在轻松的心态下与朋友下棋、聊天,或独自阅览书籍、杂志,得到充分的休息放松。

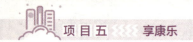 **想一想** 除了酒吧、氧吧、茶吧外,你还知道哪些吧型?

 **行业来风**

### 📖 康乐管理模式多样化

不同类型的饭店为了实现经济效益最大化,在不断推出新颖和具有市场吸引力的娱乐项目的同时,也在探索切实可行的管理体系来规范和管理娱乐项目的经营。饭店康乐部的管理模式目前常见的有以下三种。

第一种是最常见的传统自营式管理模式。康乐部的人、财、物和所有业务由饭店统一经营和管理。这种模式的优势是饭店能根据自己的发展需要统一规划,协调发展,其不足是适应市场变化的能力较差,这也是大部分饭店康乐经营盈利性差的原因之一。

第二种是业务外包式管理模式。饭店将康乐经营外包给专业型的企业来经营和管理,也就是购买第三方的服务而不是由饭店内部员工来完成这些工作。这有利于饭店将注意力集中到自己的核心业务上。从事专业康乐经营管理的公司,不仅在项目经营上具有可靠性、专业性、前瞻性、系统性的特点,而且能降低经营成本,比饭店自己做更有把握。饭店业务外包在国外是比较流行的一种管理模式,在中国也成为饭店业的一种发展趋势。但是,业务外包应选择专业特征明显并具有一定知名度的服务企业或机构。

第三种是独立实体式管理模式。当康乐部门独立对外的业务量比较大,市场影响力较大时,为了便于开发康乐业务,康乐部门从饭店中独立出来,以新的合资、股份或作为饭店子公司等独立实体存在,如以独立的俱乐部模式来经营康乐业务。这样饭店可以将康乐经营的风险或不确定性转变成在正常的和可预见的环境中经营。

### 💡 思考练习

一、填一填

1.康乐,是健康娱乐的简称,就服务设施和项目而言,包括_____、_____和_____三大类型。

2.饭店的健身器械主要有:_____、_____、_____、_____、

_____、_____、_____等。

3.游戏类娱乐主要是客人借助一定的_____条件,在一定的约束下运用智力和技巧进行比赛或游戏,获得_____享受的娱乐项目。

4.保健休闲项目的特点是_____。

5.与酒吧比较,茶吧更具有中国特色,它是一种以_____、_____传播中国文化为特色的休闲场所。

## 二、判一判

(    )1.茶吧的装潢通常讲究干净豪华。

(    )2.按摩依据东方医学中人体穴位、经脉原理,在人体的各有效部位进行推、拿、压、拉,从而理顺经络,扶正祛邪,达到健身的目的。

(    )3.氧吧,即通过特制的管道让客人呼吸到低于大气氧浓度的纯净氧气,来缓解疲劳,放松自己,重新获得一种休闲后的活力。

(    )4.所有饭店的康乐设施对于住店客人都是免费的。

## 三、答一答

1.怎样做好健身房的服务与管理?

2.体能测试中心的主要设备有哪些?

3.简述康体项目和娱乐项目之间的区别及联系。

4.饭店的洗浴项目主要有哪些类型?

5.怎样做好酒吧的接待工作?

 拓展课业

## 活动一:认识这些"火柴人"

**活动目的:**认识"旅游设施与服务"标志。

**活动形式:**看图形,找答案。

**活动任务:**1.观察以下标志用公共图形符号,想一想它们分别代表什么康乐项目。

2.对照《标志用公共信息图形符号》之第2部分:旅游休闲符号(GB/T10001.2—2006),你说得对吗?你还能识别哪些符号?

收获体会：_____

教师评价：_____

_____

## 活动二：当地盛行什么康乐项目

**活动目的：**了解当地康乐休闲的市场需求。

**活动形式：**调查。

**活动任务：**1.通过课后与饭店从业人员或亲朋好友的交谈，了解当地盛行什么康乐项目或有什么新的市场需求。

2.了解保龄球项目在当地饭店康乐消费中是否盛行，或是否曾经盛行但现在却淡出市场了，并讨论为什么会出现这种情况。

收获体会：_____

_____

教师评价：_____

_____

# 项目六 >>>

# 深探饭店

管理是一种实践,其本质不在于"知"而在于"行";其验证不在于逻辑,而在于成果;其唯一权威就是成就。

饭店管理是饭店管理者为了有效实现饭店目标,遵循一定的原则,运用一定的方法,对饭店的人、财、物等资源进行计划、组织、指挥、协调和控制等一系列活动的综合。饭店管理的最终目标是提高饭店的社会效益和经济效益,促进饭店的生存和发展。可以说管理在饭店运作中无时不在、无处不在。

1.理解饭店服务质量的含义及内容,了解常见的饭店服务质量管理方法。

2.正确认识投诉,掌握客人投诉的原因,掌握处理饭店投诉的一般程序及方法。

3.了解饭店常见的安全问题及处理方法。

## 任务一 控制服务质量

活动主题:"我的角色我做主"

活动步骤:1.学生两人一组,角色扮演。

2.假如"我是客人,我希望得到什么服务?"

假如"我是服务员,我希望给予什么服务?"

3.讨论:饭店服务如何达到客人的期望值?

服务质量是饭店的"生命线"。对饭店来说,服务质量直接影响客人的满意度,也决定着饭店的声誉。在激烈的市场竞争中,饭店竞争的焦点往往集中在服务质量上。优质服务可以提高饭店的知名度和美誉度,吸引客源,并使客人再度光临,成为饭店的忠诚客人,最终带来可观的经济效益。

### 一、饭店服务质量的含义

按照国际标准化组织(ISO)关于"服务"和"质量"的定义,饭店服务质量是饭店以其所拥有的设施设备为依托,为客人所提供的服务能达到规定效果和满足客人需要的能力与程度。饭店服务质量的高低指服务工作满足被服务者需要的程度。

现代饭店服务的原则是"以客人为中心",强调客人满意,并在内部倡导"前台为客人服务,后台为前台服务"的理念。

满足和超越客人的期望是服务质量的核心内容。了解客人需求是提供高质量服务的前提。客人的需求主要包括:安全与卫生的需求、方便舒适的需求、时效的需求、被理解与尊重的需求、物有所值的需求、个性的需求等。

准确地理解饭店服务质量的含义,对提高饭店的信誉、经济效益和社会效益,提高服务质量有着极其重要的作用。

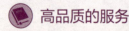　案例选读

　　📖 高品质的服务

　　王先生受委托前往海滨饭店暗访。当他乘坐的出租车停在饭店门口时,门童立刻迎上前来,准备为客人拉车门。当发现客人正在付款时,门童便来到后车门把客人的行李提了出来。王先生付完款时,门童适时拉开前车门,微笑着问候客人:"欢迎光临!请问先生还有其他行李吗?"王先生下车后,门童又查看了一下座位,发现客人遗忘的一只手机,及时还给了客人。接着,门童引领客人进入饭店。王先生在入住期间处处都感受到了高品质的服务,他对本次暗访的饭店给予了高度评价。

## 二、饭店服务质量的内容及要求

饭店服务质量由硬件质量和软件质量构成。硬件质量指饭店设施设备等可用客观的指标度量的实物质量,软件质量指饭店提供的各种劳务活动的质量。具体内容及要求如图6-1所示。

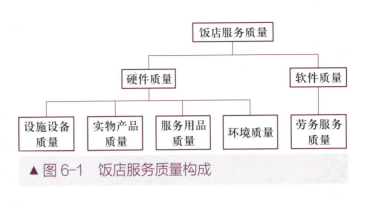

▲ 图6-1 饭店服务质量构成

饭店的设施设备反映饭店的接待能力,包括客用设施设备和供应用设施设备。客用设施设备也称前台设施设备,指直接供客人使用的设施设备。供应用设施设备也称后台设施设备,指饭店经营管理所需的不直接和客人见面的生产性设施设备。对饭店设施设备的要求是:设置合理、舒适美观、操作简单、性能良好、安全运行、供应充足。

饭店的实物产品可直接满足客人的物质消费需要,通常包括:菜点酒水质量、客用品质量(饭店直接供客人消费的各种生活用品,包括一次性消耗品和多次性消耗品)、商品质量。对饭店实物产品的要求是:与饭店星级相适应,数量充裕,供应及时,安全卫生。

服务用品指饭店在提供服务过程中供服务人员使用的各种用品。对饭店服务用品质量的要求是:品种齐全、数量充裕、性能优良、使用方便、安全卫生。

饭店服务环境质量指饭店的服务气氛给客人带来视觉上的美感和心理上的满足感。对饭店服务环境质量的要求是:安全舒适、宁静典雅、和谐温馨,具有饭店特色。

劳务服务质量主要满足客人在心理上、精神上的需求,使客人感到愉快和满意。劳务服务质量的内容包括:礼貌礼节、服务态度、职业道德、服务技能与服务方式、服务项目和服务效率等。

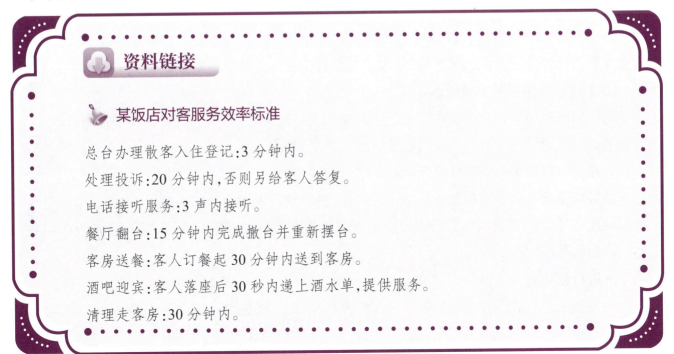

### 🔔 某饭店对客服务效率标准

总台办理散客入住登记:3分钟内。

处理投诉:20分钟内,否则另给客人答复。

电话接听服务:3声内接听。

餐厅翻台:15分钟内完成撤台并重新摆台。

客房送餐:客人订餐起30分钟内送到客房。

酒吧迎宾:客人落座后30秒内递上酒水单,提供服务。

清理走客房:30分钟内。

开夜床服务:5~8分钟/间。

租借物品:3分钟内送到房间。

住客房维修:5分钟内赶到现场维修。

### 三、饭店服务质量管理与控制

#### （一）制定饭店服务规程

饭店服务规程即饭店根据自身的等级制定出的规范化的服务程序和标准。它是饭店服务质量管理的依据和基础,也是员工服务工作的基本目标。

服务规程的制定可以由集体讨论一人执笔成文,也可以由一人或数人编出草案后交集体讨论定稿,通常过程如图6-2所示。

▲图6-2 服务质量规程制定程序

饭店服务规程制定后,通过对员工的培训、督导、检查,使其树立服务质量意识,熟练掌握服务规程内容并主动自觉严格执行,使服务规程真正成为提高服务质量的坚实基础。

#### （二）建立饭店服务质量管理体系

饭店服务质量管理体系是由质量管理各要素组成的一个管理系统,目的在于提高各员工、各环节、各部门的服务质量,使饭店服务质量趋于"零缺点"。

1.建立有效的服务质量管理机构和网络

总经理全面负责饭店的服务质量管理工作,各级管理者在总经理的领导下,控制本部门或班组的服务质量。管理网络的形成可以使饭店管理者及时发现问题并予以解决,把饭店服务差错降到最低限度。

2.进行权责分工

明确饭店总经理、质管部门、各业务部门和职能部门、各班组及岗位员工职责和权限,做到责权统一。

3.制定和实施饭店服务规程和服务质量管理制度

制定和实施饭店服务规程是提高饭店服务质量的关键,也是饭店服务质量管理体系的中心内容。服务质量管理制度是贯彻执行饭店服务规程,满足客人需要的前提和保证。

4.重视质量信息管理

服务质量信息是饭店进行服务质量决策的前提与基础,是计划、组织服务质量管理活动的依据,更是质量控制的有效工具。

5.制定处理服务质量投诉的原则、方法和措施

客人的建议和投诉是饭店品质提升的一个非常好的切入点,重视客人投诉,正视客人投诉,巧妙借用客人意见弥补完善饭店服务和产品,可化负面影响为正面影响,不断优化品质,不断提升竞争力。

(三) 进行饭店服务质量教育

饭店服务质量教育可以更新员工的服务理念,树立质量意识,提高员工素质,从而提高饭店的服务质量,是一种有效的质量管理手段。饭店服务质量教育的内容包括:

(1) 上岗前教育,内容包括饭店员工手册、礼貌礼节、职业道德、语言艺术、客人习俗等。

(2) 质量意识教育,内容包括服务观念、全面质量管理观念等。

(3) 质量标准教育,内容包括服务规程、设施设备标准、服务环境标准、实物产品标准、劳务服务标准等。

(4) 服务技能培训,包括各种技能操作训练。

(5) 质量方法教育,内容包括全面质量管理、质量问题分析、零缺点质量管理、服务质量控制等。

(6) 投诉处理教育,内容包括投诉处理的原则和程序等。

(四) 采取有效的服务质量管理方法

提高饭店的服务质量和管理质量需要一套完善的质量管理方法。饭店只有采取有效的管理方法,才能真正提高饭店的服务质量,使饭店最终获得良好的经济效益和社会效益。

目前,饭店常用的服务质量管理方法有全面质量管理、"零缺点"质量管理、现场巡视管理、服务竞赛和质量评比等。

1.全面质量管理

全面质量管理(total quality management,简称TQM),起源于20世纪60年代的美国,首先在工业企业中应用,后来推广到服务性行业。即饭店为保证和提高服务质量,组织饭店全体员工共同参与,综合运用现代管理科学,控制影响服务质量的全过程和各种因素,全面满足客人需求的系统管理活动。它是饭店以客人需求为依据、以客人满意为标准、以全过程管理为核心、以全员参与为保证、以科学方法为手段,对饭店服务质量进行管理的一种有效方法。其中的全过程管理指对服务的事前、事中、事后各环节进行质量控制。

### 资料链接

🔔 **全面质量管理的由来**

最早提出全面质量管理概念的是美国通用电气公司质量管理部的部长菲根堡姆（A. V. Feigenbaum）博士。他强调保证质量是公司全体人员的责任，应该使全体人员都具有质量的概念和承担质量的责任。因此，全面质量管理的核心思想是在企业内各部门中做出质量发展、质量保持、质量改进计划，从而以最为经济的水平进行生产与服务，使用户或消费者获得最大的满意。

1950年，戴明博士在日本开展质量管理讲座，日本人从中学习到了这种全新的质量管理思想和方法。它对日本经济的发展起到了极大的促进作用。日本人开始将质量管理当作一门科学来对待，并广泛采用统计技术和计算机技术进行推广和应用。

随着全面质量管理理念的普及，越来越多的企业开始采用这种管理方法。1986年，国际标准化组织把全面质量管理的内容和要求进行了标准化，并于1987年3月正式颁布了ISO9000系列标准。因此，我们通常所熟悉的ISO9000系列标准实际上是对全面质量管理研究成果的标准化。

**2．"零缺点"质量管理**

"零缺点"（zero defects，简称ZD）是美国人克劳斯比于20世纪60年代提出的一种管理观念。由于饭店服务质量具有显现的短暂性和不可弥补性特点，因此，饭店服务质量管理必须坚持"预防为主"的原则，建立科学检查制度，通过全面检查的方式，力求建立"零缺点"标准，提供"零缺点"服务。

**3．现场巡视管理**

饭店服务质量存在不稳定性和难以控制性。不同的饭店员工或同一员工在不同时间、不同场合提供服务质量或多或少存在差异，客人的需求也随时会发生变化，因此客人满意度也往往存在差异性。通过管理者巡视现场，检查工作，督促对客服务质量标准的执行，随时听取客人和员工的意见和要求，并给予反馈，可以发现质量问题隐患，预防或减少质量问题的发生，最终使饭店服务质量趋于稳定。不同的饭店管理者各有其不同的巡视管理范围，通过及时发现、及时纠正、及时反馈，追求完美的服务质量。

4.服务竞赛和质量评比

饭店可以定期组织和开展形式多样的优质服务竞赛和质量评比活动,使饭店全体员工树立质量意识。也可以采取"奖优罚劣"的措施,制定具体的奖罚措施,鼓励员工不断改善服务,提高效率。

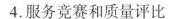

### PDCA 循环法

PDCA 循环法是一种科学的质量分析和管理程序,最早由美国贝尔实验室的休哈特博士提出,后经戴明博士应用于实践,又称"戴明环"。所谓 PDCA,就是按照计划(plan)、执行(do)、检查(check)、处理(action)这四个阶段管理工作。四个阶段周而复始,阶梯式上升,即 PDCA 每循环一次,质量水平和管理水平提高一步,以达到持续改进和提高。PDCA 循环图见图 6-3。

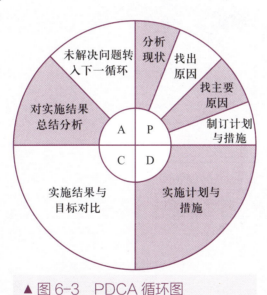

▲ 图 6-3　PDCA 循环图

### (五) 建立员工快乐工作的平台

饭店能否正常运行,并取得预期效果,最终取决于饭店员工的素质。所以,如何让员工快乐工作,这是饭店管理的重要环节,其关键在于营造良好的人才成长环境,让人才有用武之地,并能得到相应的回报。

1.搭建快乐工作的平台

首先,饭店要确立"有为才有位"的理念,遵循发展才是硬道理的思想,注重企业的持续发展,为员工的晋升创造空间;其次,饭店要制定按能授职的用人制度,做到正确选人,科学用人;最后,饭店要采取科学实用的绩效管理,公正合理地肯定人才的成绩,有效激励人才。

2.营造快乐工作的氛围

首先,建立井然有序的工作环境,这是营造快乐工作氛围的基础;其次,建立宽松愉快的工作氛围,让员工心情舒畅;最后,建立友好温馨的人际环境,充分与员工沟通交流,尊重与信任员工,关心员工。

3.树立快乐工作的心态

首先,员工要正确认识工作的含义,认同企业的价值观;其次,员工要拥有快乐的情感,保持工作的激情;最后,员工应有感恩之心,胸怀开阔,持之以恒。

学习了 PDCA 循环法,对你在学习上有什么启发?

## 任务二　处理客人投诉

活动主题:认识投诉

活动步骤:1.回想你的生活经历,是否有对所购商品或服务感到不满意而进行的投诉? 被投诉部门或人员是如何处理你的投诉的?

　　　　　2.陈述你的投诉经历,大家进行交流与讨论。

**学习导读**

服务是饭店的主要产品,饭店通过销售设施、服务等获利。客人与饭店的关系是买和卖的关系,也是被服务与服务的关系。客人以商定的价格购买服务产品,从而满足自身在物质上和精神上的需要。当客人的期望未能得到满足时,投诉就可能发生。

### 一、正确认识投诉

#### (一) 什么是投诉

从饭店角度看,投诉(complaint)是客人对饭店提供的服务设施、设备、项目及行为的结果表示不满而提出的批评、抱怨或控告。

许多人一听到客人投诉,便如临大敌,紧张万分。但投诉是坏事,也是好事。正确认识客人投诉是妥善处理投诉的前提。

首先,有投诉未必是坏事。饭店的服务质量要精益求精,客人的要求也在不断提高。发现问题,解决问题,是饭店优化服务、改善管理的基本途径。而靠饭店自身发现问题远不如靠客人评价来得客观务实,投诉就是客人对饭店服务评价的一种方式。实际工作中,许多服务环节的改进就是借鉴了客人的投诉,因此客人投诉也是发现问题、解决问题、创新服务的一个主要的动力来源。从这个角度来说,客人抱怨反而是饭店获得客人忠诚的契机。零售业的先驱马歇尔曾经说过:"那些感到不满但又没有抱怨的人使我受到伤害,他们拒绝我纠正错误并以此改正我的服务的许诺。"

其次,没有投诉未必是好事。没有投诉可能基于两种情况:第一种是饭店的服务至优至善,客人没有任何理由投诉,这种情况目前来看近似于零;第二种情况是客人已经"恩断义绝",懒得投诉,或是把不满意见传递给其他客人,这是饭店逐渐脱离客人,失去市场的前兆。一项由美国"技术支持研究计划"所做的研究发现:当客人有了一次愉悦的体验时,他们平均会把这种体验转告 5 个人,如果他们有了一次糟糕的体验,他们平均会把这种体验转告给 10 个人,而每 5 位不满的客人中就有 1 位会对 20 个人诉说。在如今市场竞争越来越激烈的情况下,争取和维持客人其实是件很不容易的事情,研究表明,争取一个新客人的成本是维持一个老客人的 7 ~ 10 倍。

总之,客人投诉是一个信号,反映出饭店服务和管理中存在的问题与不足,也为饭店提供了了解工作失误的原因和改进工作的机会。同时,投诉是饭店管理者和客人之间沟通的桥梁。

### (二) 引起投诉的原因

导致客人投诉的原因可能是饭店的过失,也可能是客人的主观因素。常见的投诉原因有:

(1) 因饭店硬件服务质量引起的投诉。包括对饭店设施设备的投诉和对商品质量的投诉等。

(2) 因饭店软件服务质量引起的投诉。包括对服务人员服务态度的投诉、对服务效率的投诉、对服务方法的投诉等。

(3) 因饭店管理质量引起的投诉。包括对饭店违约行为的投诉、对因饭店管理不善给客人带来不便的投诉。

(4) 因饭店与客人沟通不良引起的投诉。有时候,饭店方面并没什么过错,客人的投诉是因为他们对饭店有关政策规定不了解或误解造成的,在这种情况下,就要对客人耐心解释,并热情帮助客人解决问题。

(5) 因客人主观原因引起的投诉。这类投诉中,饭店无明显过错,大多是由于客人原因

造成的,如客人因心情不佳而借题发挥,客人因对饭店期望值过高而感到失望等。

## 二、妥善处理投诉

许多服务性企业有这样一句话:"请把您的满意告诉别人,把您的意见留给我们。"客人的抱怨表达出客人对企业的一种期待与愿望。处理好客人投诉可以为饭店提供一个改善与客人关系的机会。如果妥善地解决客人提出的问题,就有希望使他们成为忠诚的客人。

### 📍 案例选读

#### 📕 厨房今天没有这道菜

一天,餐厅里来了三位衣着讲究的客人,服务员引至餐厅坐定,其中一位客人便开了口:"我要点××菜,你们一定要将味调得浓些,样子摆得漂亮一些。"同时转身对同伴说:"这道菜很好吃,今天你们一定要尝尝。"菜点完后,服务员拿菜单去了厨房。再次回来时,她礼貌地对客人说:"先生,对不起,厨房今天没有这道菜,给您换一道菜可以吗?"客人一听勃然大怒:"你为什么不事先告诉我?让我们无故等了这么久,早说就去另一家餐厅了。"

**想一想**　在以上的案例中,客人投诉的原因是什么?该如何处理此投诉?

处理投诉是一种挑战,也是一种艺术。处理投诉一般程序如下。

### (一)真诚接待,表达歉意

接待投诉的客人时,要保持冷静、理智,对待客人的"遭遇"要感同身受,表示同情、理解和道歉(即使客人反映的情况不完全是事实,或饭店并没有过错,但至少客人感觉不舒服、不愉快),减少客人的对抗情绪。根据具体情况给客人安排休息,如递上毛巾、送上茶水,态度诚恳,不推诿,不辩解。

### (二)耐心倾听,认真记录

接待者耐心听完客人的叙述,不胡乱解释或随便打断客人的讲述。交谈时注意语音、语调、语气及音量的大小。不随客人情绪的波动而波动,不失态。

耐心听取投诉的同时,认真做好记录,包括客人投诉的内容,客人的姓名、房号及投诉时间等,以示对客人投诉的重视,同时也是饭店处理客人投诉的原始依据。

### (三)用心揣摩,了解客人

每一位员工和管理者都可能受理客人投诉,了解客人投诉时的心理特征是有效处理投诉的重要条件。通常,客人投诉时有求发泄、求尊重和求补偿的心理。其一,客人在饭店遇到令人生气的事,不吐不快,于是前来投诉,以求发泄心中不悦;其二,无论是软件服务,还是硬件设施,出现问题,在某种意义上都是饭店对客人不尊重的表现,客人前来投诉就是为了挽回面子求得尊重;其三,客人期望的商品或服务未得到实现,认为所花费的金钱和时间受到了损失,甚至会感到精神上的损失,因此要求饭店给予一定的补偿。饭店员工或管理者在平时工作中应潜心学习、用心揣摩,了解客人的消费心理和投诉心理。

### (四) 表明态度,表示感谢

对客人投诉若不能立即给予答复,则必须向对方表明自己将尽最大的努力,以最快速度给对方以尽可能满意的答复;同时,接待者应尽可能明确告知何时能给予反馈。如果是住店客人,可请其先到房间休息,若有处理结果会第一时间告知他;如果是离店客人则请他留下联系方式。在与客人分手时向客人再次道歉,并对客人的理解与合作表示感谢。

### (五) 快速处理,及时反馈

客人投诉的最终目的是解决问题,因此,对于客人的投诉应立即着手处理,必要时,要请管理人员亲自出面解决,切不可在客人面前推卸责任。著名饭店集团里兹集团有一条"1∶10∶100"的黄金管理定理,就是说,若在客人提出问题当天就加以解决,所需成本为1元,拖到第二天解决则需10元,再拖几天则可能需要100元。所以要迅速采取措施,处理投诉,消除客人投诉的原因。拖延处理客人的投诉,会导致客人产生新的投诉。

处理投诉时要注意兼顾客人和饭店双方的利益。在解决投诉所反映的问题时,往往有多种方案,为了表示对客人的尊重,应征求客人的意见,请客人选择。问题解决后,要及时向客人反馈,让客人感觉到饭店对此事的重视,同时可以了解各部门的运作是否顺畅。

### (六) 吸取教训,跟踪访问

将客人的投诉内容及处理结果记录存档,总结经验教训,以利于今后改进工作。饭店同时要跟踪客人的反映,即过一段时间应与客人进行联系,打一个电话或发一封邮件,征求客人意见和建议,对客人的宽容与合作再次表示感谢。这也是饭店有效的营销手段之一。

---

 **案例选读**

#### 一枚铁钉引起的投诉

某天下午,杭州某饭店接到305房客人张先生的投诉。事情经过是这样的:张先生坐在客房的椅子上看报纸时,臀部被椅子上的钉子刺伤,原来是椅面上的一颗铁钉突出在外。

该饭店大堂副理立即打电话给医务室。由于饭店里不能注射破伤风针,所以大堂副理请大夫马上陪同客人到附近医院去打针,同时又迅速调来总经理专用车,做好了交通安排。客人离开后,大堂副理立即与客房部经理到305房查看椅子,发现客人所述情况属实。于是,客房部经理立即请服务员换了椅子,并责成服务员将房内所有用品做一次全面检查。客人从医院返回饭店后,大堂副理带了一大束鲜花登门拜访,表达歉意,并征求客人意见。随后,服务员送上水果,并向客人表示抱歉。

 在此案例中,饭店处理投诉的方法有何可取之处? 如果你是投诉的受理者,你将如何处理?

## 任务三 应对安全事件

活动主题:认识安全的意义

活动步骤:1.搜集生活中的安全事故案例。

2.分析案例,总结安全事故教训。

3.认识安全的重要性。

**学习导读**

马斯洛需要层次理论提出安全需要和生理需要是人的初级需要。安全是让客人满意的基础。保证客人人身及财产安全是饭店基本的职能之一。饭店作为公共消费场所,每天汇集了大量的人流、物流和信息流,风险时时存在。学习并掌握安全事件的预防、应对和处理方法,将风险、损失减少到最低限度,是饭店员工及管理人员的一门必修课。

### 一、饭店安全管理的内涵

饭店安全管理指为了保障客人、员工以及饭店的安全而进行的一系列计划、组织、指挥、协调、控制等管理活动。

（一）饭店安全管理的特点

1. 复杂性

饭店安全管理不仅包括保障客人的人身、财物安全，而且包括保障客人的心理安全及员工和饭店的安全，其管理幅度和内容，几乎涉及饭店的各个部门和饭店工作的各个方面。

2. 服务性

饭店的安全管理不仅在保护安全，还应提供满意的服务。因此，饭店安全管理要内紧外松，努力为客人提供方便。

3. 政策性

饭店的安全保卫业务涉及治安管理、外国人管理、保卫业务、消防、交通管理等，要做到依法小事，使饭店安全管理走上法治的轨道。

（二）饭店安全管理的目标

1. 保障客人的安全

包括保障客人的人身安全、保障客人的财产安全、保障客人心理上的安全感。

2. 保障员工的安全

包括保障员工的人身安全、保障员工的合法权益。

3. 保障饭店的安全

包括为维护饭店的形象而进行的一系列工作、保障饭店的财产不受损失。

（三）饭店安全管理的原则

1. 客人至上原则

这是饭店经营的基本宗旨，也是饭店安全管理的根本出发点。

2. 预防为主原则

饭店必须建立健全各级安全管理组织，明确各级组织的安全责任，加强全员安全知识培训，完善各种设施和各项安全管理制度。

3. 责权一致原则

饭店的安全管理是全饭店的工作，应当在总经理的领导下，实行分级管理、分段包干，各司其职，把安全工作列为各部门的考核指标。

4. 群防群治原则

饭店的安全管理工作必须依靠广大员工，使每一个员工成为饭店的安全员。

5. 内紧外松原则

饭店的安全管理工作，既要建立各种安全管理制度，又要注意方式方法，尽量使客人感到舒适、方便、宁静。

## 二、饭店常见的安全问题及处理方法

### (一) 火灾

火灾是威胁饭店安全的重大因素。饭店内的木制家具、棉织品及大量装饰材料均为易燃材料,一旦发生火灾,这些易燃材料会加速火势的蔓延。因此,制订科学合理的防火安全计划,进行有效的消防管理是饭店安全管理的重要内容。

 **案例选读**

#### 📖 餐厅"火星事件"

某餐厅,客人正在享用火锅,边烧边吃,不亦乐乎。

吃过一阵,火锅的酒精所剩无几。客人向服务员招手并扯开嗓门喊:"服务员,酒精没了!"不一会儿,服务员带来一个装着固体酒精的小铁罐。也许是急于完成任务,也许是不知操作规范,她并没有取出原来炉中还有火苗的装酒精铁罐,就将固体酒精直接倒入燃烧着的罐里。"忽"的一下一团火焰往上蹿,火星四溅,吓得几位客人往后躲。其中一颗较大的火星不偏不倚飞落在冯小姐头上。冯小姐被灼痛得哇哇大叫,并不断地用手扑打着自己的头。冯小姐怒不可遏,大声喊叫:"领班!"领班急匆匆赶到……

接下来又是经理接受投诉,又是领班、服务员赔礼道歉。本来气氛不错的一餐饭,被这突如其来的"火星"搅得吃兴全无。事后,饭店针对安全问题对全体服务员开展了系列培训。

1.火灾发生的原因

(1)吸烟不慎引起火灾。吸烟不慎引起的火灾在饭店火灾中居首位,比例达40%以上。起火部位多为客房,常见的原因有:乱扔烟头,躺在床上吸烟,将未熄灭的烟头或火柴扔入烟灰缸内引起缸内可燃物着火,在禁止吸烟的地方违章吸烟等。目前,国内越来越多的星级饭店已开始加入倡导全面禁烟的行列。

(2)电器设备故障。电器引起的火灾在饭店火灾中的比例达22%以上。常见的原因有使用电炉、电熨斗等电热设备后,没有切断电源引起火灾;各类照明灯具设置不当,烤着了可燃物引起火灾;电器设备安装不良或长期超载运行,使绝缘损坏,短路起火;因客房内家电设备使用时间过长或线路发生故障,致使元件发热起火;因带电维修电气设备、线路而产生电火花,引着了可燃物;客人私自增设电器设备引起火灾。

(3)生产操作不慎。在生产过程中,因员工操作不慎等原因引起的火灾也较为多见。例如,饭店厨房内的可燃气体爆炸,油锅加温过高或开油锅时厨师离开炉灶时间过长而引起燃烧,烤箱等设备使用不当发生燃烧,烟道内油垢被炉火引燃等。

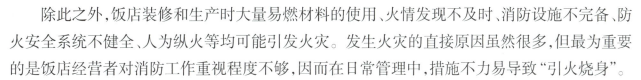

除此之外,饭店装修和生产时大量易燃材料的使用、火情发现不及时、消防设施不完备、防火安全系统不健全、人为纵火等均可能引发火灾。发生火灾的直接原因虽然很多,但最为重要的是饭店经营者对消防工作重视程度不够,因而在日常管理中,措施不力易导致"引火烧身"。

2. 火灾的预防

(1) 在饭店的设计建造中,应安装必要的防火设施与设备,如火灾报警系统。饭店的火灾报警系统可分为两类:一类是火灾自动报警系统;另一类是火灾手动报警系统。

 **资料链接**

 饭店火灾自动报警系统

饭店的火灾自动报警系统由火灾探测器和火灾报警控制器构成。

(1) 火灾探测器。饭店常见的火灾探测器主要是烟感式、温感式、光感式。烟感式火灾探测器有两种:离子感应式和光电感应式,其中离子感应式更为灵敏,它安装在 4 米以下的高度时保护面积为 100 平方米,适用于饭店客房、餐厅、走廊等。温感式探测器因周围温度升高而启动报警;光感式探测器有红外线和紫外线两种,但在探测器和火焰之间有障碍物时,它的灵敏度会降低。

(2) 火灾报警控制器。它的主要功能是为火灾探测器供电,并备有蓄电池,发出声光报警信号,并显示火灾区域,自动记录火警信息输入时间。当系统发生故障时,能发出信号。

(2) 加强员工培训,增强防火意识。饭店员工应掌握报警和灭火器材的使用方法,熟悉安全疏散路线。不定期通过组织消防知识竞赛或消防演习等形式巩固培训成果。让员工掌握如何在火灾中能够给予客人适当的帮助,尽量减少火灾带来的损失。

(3) 饭店内禁止储存易燃、易爆化学危险物品,使用少量易燃、易爆化学危险物品的部门,应建立严格的保管、使用制度。禁止员工、住店客人将易燃、易爆、剧毒、有放射性和腐蚀性的化学物品带入饭店。

(4) 工程部要定期对电器设备、开关、线路、照明灯具等进行检查,凡不符合安全要求的要及时维修或更换。疏散标志和指示灯要保证正常完整,各类报警设备必须灵敏畅通。

(5) 饭店消防控制室应设专人昼夜值班,随时观察、记录仪器设备的工作情况,及时处理火警信号。

（6）制定应急方案,进行必要的基本技术培训,不定期开展消防演习。饭店应组织培训员工了解火灾发生时的逃生要领,举行消防演习。

部分火灾预防指示符号如图6-4所示。

▲ 图6-4 部分火灾预防指示符号

## 3.火灾事故的应急处理

发生火灾时的处理程序是:及时发现火源—及时报警—及时扑救—疏导客人—组织救助—善后处理—做好记录。

表6-1是某饭店的火灾应急措施方案。当火灾发生时,饭店各岗位都应积极行动,听从饭店消防中心的指挥,保持镇定,同心协力,力求尽快处理火情,将火灾损失减少到最低限度。

表6-1 某饭店火灾应急措施方案

| 部门（岗位） | | 措施 |
|---|---|---|
| 安全部 | 安全部内勤 | 坚守岗位,不要离开电话,同时把安全部重要的档案资料整理好,以便在接到撤离指令时,把重要文件转移到安全地点 |
| | 饭店大门警卫 | 清理饭店周围的场地,为消防车的到来做好准备,并派人到路口接车引路;阻止一切无关人员进入,防止出现混乱或有图谋不轨的人趁火打劫 |
| | 安全人员 | 保护饭店的现金和其他贵重物品,护送财务人员把现金转移到安全的地方;保护好商场及公共场所的贵重物品 |
| | 员工通道及打卡处的安全人员 | 把当天的考勤卡收集起来,以便查点当天在岗的员工数 |
| 工程部 | 工程部经理、总工程师 | 赶到火灾现场查看火情,视情况决定是否关闭饭店内的全部或局部区域的空调通风设备、燃气阀门、各种电器设备、锅炉、制冷等设备及照明电源,保证必要的供水、供电,确保消防水泵、排烟系统正常运转 |
| | 电梯机房工作人员 | 逐个检查电梯内是否有人,确认电梯内无人后,将电梯全部沉降至底层 |
| 前厅部 | 总机话务员 | 保证电话线路畅通,随时执行上级下达的命令并做好各种信息记录 |
| | 总台 | 迅速打印一份当日住店客人登记总表,送交灭火指挥部,以便掌握当天住店客人数量,整理现金、账目、票据和住客登记单,接到疏散指令后,到指定的安全地点集中 |
| | 行李员 | 告诫客人不要乘用电梯,并由专人看守;迅速整理行李登记簿并看管好行李,接到撤离指令后将行李转移到安全地点;门童协助大堂副理引导客人疏散 |
| | 大堂副理 | 坚守岗位,答复客人询问并安抚客人,接到疏散指令后,负责疏导客人 |

| 部门（岗位） | | 措施 |
|---|---|---|
| 客房部 | 客房服务员 | 查看火灾是否在本楼层；若是，打开安全通道疏散客人，不得乘电梯；拿上万能钥匙、手电筒和粉笔，检查每一间房及卫生间，确认房内无人后将房门关好，用粉笔在房门外画上标记 |
| 餐饮部 | 餐厅经理及服务员 | 若火情在餐厅，应迅速组织（或参与）扑救，疏散客人；若不在餐厅，应整理并看管好餐厅内的现金、票据和文件 |
| | 厨房 | 保持冷静，关闭燃气阀门，关闭炉灶门和通风、抽风设备，关闭各种电器开关，处理好油锅和油桶 |
| | 医务人员 | 做好抢救伤员准备，及时与急救中心联系；急救中心人员到场后，听从急救中心人员的指挥 |
| | 司机 | 准备好车辆，做好运送伤员的准备 |

注：饭店灭火指挥部及安全部在消防队到达后，协助并提供相关信息资料；所有服务人员都必须接到撤离指令后，待客人离开方可离开

### （二）食物中毒

食物中毒指摄入含有生物性或化学性有毒食品所引起的一类急性疾病总称。临床表现以恶心、呕吐、腹痛、腹泻、昏迷为主。食物中毒的类型包括：细菌性食物中毒、化学性食物中毒、有毒食物中毒等。值得一提的是，食物中毒不传染。

1.食物中毒的预防

（1）加强对从业人员的卫生宣传教育，养成良好的卫生习惯，增强安全责任意识，文明生产、科学加工。

（2）保持储存、加工和厨房的环境卫生，加强防蝇、防鼠、防蟑螂等措施；容器及用具用后要清洗干净，彻底消毒，防止交叉感染。

（3）严把食品原材料采购、验收关，没有通过检疫或食品卫生质量不过关的食品及原材料坚决不验收入库。

（4）肉类食物要煮熟；剩余食物食用前要加热或做高压处理；生、熟食物要分开存放；生吃食物要洗净消毒；海蜇等水产品烹饪前应充分浸泡、冲洗；等等。

（5）从业人员要讲究个人卫生，凭健康证上岗，定期进行体检。若发现从业人员有传染病或携带传染病菌，应及时调离工作岗位。

2.食物中毒的处理

饭店一旦发现有客人食物中毒症状，一般按如下方法处理：

（1）报告值班经理，由其通知医生前去诊断。

（2）如果确诊为食物中毒，应及时通知总经理、餐厅经理、厨师长、安全人员等。饭店若设

有医务室,医生应立即对病人进行紧急救护,没有医务室的则立即拨打120或送中毒者去医院紧急救治。

(3) 安抚其他在场用餐客人,观察其他客人的餐后反应,看是否有中毒症状。

(4) 餐饮部对客人所用食物或呕吐物取样备检,以检查、确定中毒原因,并及时通知卫生防疫部门。对可疑食品及有关餐具进行控制,以备查验,防止其他客人中毒。

(5) 由餐饮部负责、安全部协助,对中毒事件进行调查,并配合卫生防疫部门的工作。

(6) 饭店及时指定某部门或人员通知中毒病人家属或单位,并向他们说明情况,协助做好善后工作。

(7) 做好事件的记录工作。

(三) 客人意外受伤与发病

现代饭店应有应对预防客人受伤、发病的各种措施。如一旦客人受伤或生病,饭店应有处理紧急情况的措施及能胜任抢救的人员。发生客人在饭店受伤的情况,一般处理如下:

(1) 保持冷静,及时通知饭店医务人员和上级领导。

(2) 负责人及相关部门接到通知,应立即赶到现场,做好管理及救助工作,并根据伤者或发病者的情况及当事人的意见,决定是否通知其单位或家属。

(3) 对于骨折病人,服务员应尽量稳定客人情绪,并使客人身体尽量保持固定,耐心等待医务人员或医院急救人员的到来,协助医务人员做好相关的服务工作。

(4) 对心脏病、高血压、脑出血等突发病人,如果客人昏厥摔倒,饭店员工不能因为客人躺在地上不雅而把客人抬到别处,此时任何运动或移动都可能加重客人的病情。服务员应及时移开客人周围物品,腾出空间,以便抢救。

(5) 服务员应认真观察客人病情,帮助客人解开领带或领结、领扣,在客人身下垫柔软织物,等待抢救医生的到来。医生来了之后,按照医生的吩咐,做一些力所能及的事。初步诊断发病人员的病状,若不严重由医务人员就地治疗,若病情严重则采取急救措施后及时送往医院就治。

(6) 对于需要住院治疗的客人,在客人单位人员或亲属未到之前,饭店应做好帮助办理住院手续、派员看护等工作。

(7) 做好记录工作。

(四) 客人死亡

客人死亡指客人在饭店内因病死亡、意外事件死亡、自杀、他杀或其他原因不明的死亡。除第一种属于正常死亡外,其他均为非正常死亡。若发生客人在店内死亡事件,饭店一般处理程序如下:

(1) 发现客人死亡时,应保持冷静,保护好现场,及时通知饭店医务人员、安全部及主管领导。

（2）安全部接到客人死亡报告后,应向报告人问明客人死亡的地点、时间、原因、身份、国籍等,并立即报告上级。有关管理者会同大堂经理和医务人员前去现场。

（3）经医务人员检查,若客人尚未死亡应积极抢救,若确认客人已死亡,安全部人员要做好现场保护工作,不得挪动现场的任何物品,严禁无关人员接近现场,同时向公安部门报告,并积极配合公安部门开展调查工作。

（4）由饭店主管领导负责安排通知死者单位或家属,饭店公关部应做好家属接待工作,配合家属做好遗体处理及善后工作。

（5）事后,安全部把死亡事件及处理的全过程详细记存留档。

### 📍 案例选读

#### 📖 客人突发心肌梗死死亡

一天下午,一位女士焦急地打长途电话到某饭店询问其丈夫的情况。原来客人王先生自入住饭店当天给家里打过电话后,一连两天都没有音讯,家人打其电话,无人接听。得知此情况后,大堂副理急忙来到王先生所住楼层,客房领班说,此房间连续两天都亮着"请勿打扰"灯,昨天下午去敲门,客人没应答,就未敢再打扰。刚才用钥匙开门,发现客人将门的插销插上了⋯⋯

大堂副理立即通知工程部人员,破门而入后发现客人衣着齐整地蜷缩在卫生间,已停止了呼吸。后经公安部门鉴定,证实客人因心肌梗死而死亡,死亡时间在入住饭店的当天晚上。

按理说,客人因自己身体原因而突然死于饭店,饭店并无责任。但死者家属认为:店方每天都应当整理房间,也就是说在事发第二天就能发现,但却到了第三天下午才发现。显然,饭店疏于管理。事后,店方给予死者家属相应的精神和物质补偿,但饭店的声誉仍受到了影响。

**想一想**　上述案例中,饭店在服务过程中哪些环节出现了疏忽?

#### （五）停电事故

饭店停电事故可能是饭店内部供电故障引起的,也可能是由于外部供电系统引起的。一旦发生停电事故,一般处理程序如下。

（1）查明停电原因,确定恢复供电时间。

（2）保证所有员工留守在各自的工作岗位上。

（3）向客人及员工说明这是停电事故,正在采取紧急措施排除故障,恢复电力供应,告知恢复供电所需时间。

（4）启用备用供电设施设备。

（5）停电期间,安全人员应加强巡逻,派遣安全人员保护有现金及贵重物品的地方,防止有人趁机作案。

（6）做好记录工作。

### （六）失窃

1.失窃现象的类型

从窃贼的构成看,偷盗行为一般有以下四种类型。

（1）外部偷盗。即社会上的不法分子混进饭店进行盗窃。这些人往往装扮成客人的样子蒙骗店方,盗取客人财物。饭店只有依靠加强管理,提高警惕,才能防止此类盗窃行为的发生。

（2）内部偷盗。指饭店员工利用工作之便盗取客人及饭店的财物。由于饭店员工对饭店的内部管理情况、活动规律及地理位置都了如指掌,因此,作案容易得手。一般来说,饭店客房如发生失窃现象应先从内部入手进行侦破查找。

（3）内外勾结。一般由饭店内部员工向社会上的同伙提供"情报"及各种便利,由其同伙作案、销赃。这种作案手段较为"高明",给饭店造成较大的威胁。

（4）客人自盗。指不法分子以客人的身份入住,然后利用"地利"的方便伺机行窃。针对此类盗窃行为,饭店方要加强对电梯、楼层、门窗等区域的监控与巡视,同时提醒客人提高警惕,保管好自己的财物。

2.失窃事故的处理

失窃现象在饭店中时有发生。发生失窃事件时,饭店处理程序一般如下:

（1）接到失窃报告,立即通知值班经理、安全部及房务部（或相关部门）。

（2）认真听取并详细记录客人讲述,帮助客人回忆丢失物品经过。

（3）向安全部调出监控系统的录像带,以便于进一步调查。

（4）若确定遗失物品无法找到,而客人坚持要报警处理时,立即通知安全部人员代为报警。

（5）做好盗窃案件发案、查访过程及破获结果的材料整理归档工作。

注意接到客人报警后,服务员不得擅自进房查找。客人入住时,要提醒客人将贵重物品寄存保管或放置在客房保险箱内,以减少盗窃案件的发生。

### （七）逃账

针对客人逃账,可采取的预防措施主要有以下6条。

（1）核实客人身份。在入住登记时,检查客人的有效身份证明（身份证、护照等）。

（2）验证客人信用卡。对持信用卡的客人,提前向银行要取授权,保留信用卡信息。

（3）向客人收取预付款或住房押金。

（4）加强对无预订、无行李客人的关注。

（5）针对有逃账迹象的客人,要加强催收账款的力度。但要注意方式,以免得罪客人。

（6）收银员要熟悉各国货币及各种旅行支票。

若已发生逃账，总台的工作人员应立即查阅客人的相关资料，尽可能找出可用来追查其行踪的信息，列出逃账者"黑名单"，并通报给其他饭店或机构。

### （八）醉酒

 醉酒客人可能有什么反常举动，服务员应如何处理？

客人醉酒时往往会做出一些反常态的举动，服务员要善于观察判断，随机应变，控制局面，以防意外。当服务员发现客人有醉酒情形时，可采取以下措施。

（1）当发现客人已不胜酒力时，要机智礼貌地谢绝继续为客人提供酒水，可向客人推荐一些不含酒精的饮料。

（2）对醉酒无理的客人，要以柔克刚，使客人恢复理智、平静。

（3）对已经醉酒的客人采取醒酒措施，如递毛巾、果汁、茶，请客人到僻静席位或房内休息。

（4）如醉酒客人呕吐，应及时清理污物，送上毛巾、茶水，安排客人暂时休息，提醒客人的朋友予以照顾。

（5）对借酒闹事和有破坏性行为的醉酒客人，应及时通知饭店安全人员前来处理或报当地公安机关。

（6）客人离开时，要提醒客人带齐物品，帮助检查有无遗漏，并送客人离开饭店，必要时帮客人叫出租车，交代好司机，并记下车牌号。

（7）如果客人醉酒程度较深，无法自行离开，应交由饭店安全人员采取相应的服务措施，同时将事件及处理结果记录在工作日记上。

（8）如果是住店客人，又无人陪伴，应通知饭店安全人员陪同客人回房休息，同时与房务部联系，以便给予该客人更多关注。

### 行业来风

#### 饭店增配消防新设备

一些星级饭店的消防设施除安装消防远程监控系统外，还在过去"消火栓、灭火器、消控中心"基础上增加了新"三宝"，即客房内放有逃生工具箱、巡逻安全配备消防背包和巡检棒。逃生工具箱里放着"智能"手电筒、逃生绳、防毒面罩等。手电筒会自动充电，一拿到手上便自动照明；逃生绳根据各个楼层的特点，有长有短，并配有缓降器，可以缓慢滑下，以免住客慌张。同时，逃生绳里夹有钢丝，可以承受两个人同时滑下。客人入住客房后，服务员会对各件工具的用法做介绍和演示。

　　巡逻安全配备的消防背包,里面有手电筒、对讲机、钳子、小型灭火器等,遇到火情可快速处置。而巡检棒是目前最先进的配备,饭店各个楼层的消防重点位置都装有电子芯片,每隔半个小时左右,巡逻安全员必须用巡检棒点击一下电子芯片,每点击一次,和芯片联网的计算机就会显示并记录,可以准确进行安全状况的追溯。

## 思考练习

### 一、填一填

　　1.饭店服务质量是以其所拥有的_____为依托,为客人提供的服务能达到规定效果和满足_____的能力和程度。

　　2.饭店安全管理指为了保障_____、_____以及_____的安全而进行的一系列计划、组织、指挥、协调、控制等管理活动。

　　3.饭店服务规程即饭店根据_____制定出的规范化的_____和_____。

　　4.饭店的设施设备反映饭店的接待能力,包括_____和_____。

　　5.为预防食物中毒从业人员要讲究卫生,凭_____上岗,定期_____。

### 二、判一判

　　(　　)1.饭店服务效率即应以最快的速度为客人服务。

　　(　　)2.当客人投诉财物丢失时,为减少客人损失,体现饭店优质服务,服务人员应亲自帮助客人到客人曾逗留过的地方寻找并报警。

　　(　　)3.餐厅发生食物中毒事件,应立即将中毒者隔离,以免引起恐慌,传染他人。

　　(　　)4.客人投诉的最终目的是为求得补偿。

　　(　　)5.吸烟不慎引起火灾在饭店火灾中居首位,比例达50%以上。

### 三、答一答

　　1.饭店服务质量教育有哪些内容?

　　2.饭店处理投诉的一般程序是怎样的?

　　3.处理火灾事故的一般程序是怎样的?

　　4.如何预防食物中毒?

　　5.当服务员发现客人有醉酒情形时,可采取哪些措施?

## 活动一:学做饭店质检员

**活动目的:**理解优质服务,了解星级饭店暗访检查过程。

**活动形式:**阅读案例并回答所附问题。

**活动任务:**1.阅读前案例"高品质的服务"。

　　　　　2.此案例中,"高品质的服务"体现在哪些方面?

　　　　　3.讨论与交流,了解饭店星级评定的方法与程序。

　　　　　4.案例中,王先生作为一名饭店业专家对饭店暗访,以此检查饭店服务质量。若您是王先生,会从哪些方面检查"门童"岗位的服务质量?

　　　　　5.讨论并完成以下暗访报告。

---

**关于对_____饭店四星级检查的暗访报告**

×××旅游饭店星级评定机构办公室:

受×××旅游饭店星级评定机构办公室的委派,××级星级标准检查员_____于200×年××月××日—××月××日,按照《旅游饭店星级的划分与评定》(GB/T14308—××××)对_____饭店进行了_____星级的暗访检查。现将暗访情况报告如下:

一、总体印象

(客观真实地报告对饭店管理和对客服务的总体印象)

_____

二、分区分项感受

(在接受预订、办理入住、就餐、参与康乐等环节的感受,对各区域清洁卫生和员工礼节礼貌的感受)

_____

三、明察阶段提出问题的整改情况

_____

四、存在主要问题

(侧重叙述管理和服务方面的问题)

_____

五、已向饭店方面反馈了暗访中发现的问题,并提出以下建议和希望:

_____

(最后,对×××饭店是否符合×星级标准作明确表态)

检查员签名:_____<br>_____年___月___日

---

收获体会:＿＿＿＿＿＿＿＿＿＿＿＿＿＿＿＿＿＿＿＿＿＿＿＿＿＿

教师评价:＿＿＿＿＿＿＿＿＿＿＿＿＿＿＿＿＿＿＿＿＿＿＿＿＿＿
＿＿＿＿＿＿＿＿＿＿＿＿＿＿＿＿＿＿＿＿＿＿＿＿＿＿＿＿＿＿＿＿

# 活动二:客人投诉处理

**活动目的:**掌握投诉处理的方法和技巧。

**活动形式:**角色扮演。

**活动任务:**1.设计客人投诉内容,如客房内上网总掉线、行李员索要小费、餐厅地毯太脏、健身房器械不安全,等等。

2.两位学生分别扮演客人与大堂副理角色,一对一地沟通,模拟投诉和投诉受理。

3.同学和教师点评。

收获体会:＿＿＿＿＿＿＿＿＿＿＿＿＿＿＿＿＿＿＿＿＿＿＿＿＿＿

教师评价:＿＿＿＿＿＿＿＿＿＿＿＿＿＿＿＿＿＿＿＿＿＿＿＿＿＿
＿＿＿＿＿＿＿＿＿＿＿＿＿＿＿＿＿＿＿＿＿＿＿＿＿＿＿＿＿＿＿＿

# 活动三:灭火与自救

**活动目的:**掌握火灾逃生方法和常规灭火器的使用。

**活动形式:**模拟演练。

**活动任务:**1.由教师或饭店安全部消防人员讲授火灾逃生常识和灭火器使用方法。

2.假设饭店客房区域发生火灾,学生模拟进行逃生与自救。

3.了解灭火器原理,学会使用常规灭火器。

收获体会:＿＿＿＿＿＿＿＿＿＿＿＿＿＿＿＿＿＿＿＿＿＿＿＿＿＿

教师评价:＿＿＿＿＿＿＿＿＿＿＿＿＿＿＿＿＿＿＿＿＿＿＿＿＿＿
＿＿＿＿＿＿＿＿＿＿＿＿＿＿＿＿＿＿＿＿＿＿＿＿＿＿＿＿＿＿＿＿

# 主要参考书目

［1］ 杜建华.饭店概论 [M]. 2 版.北京:高等教育出版社,2019.

［2］ 陈春燕.前厅服务与管理 [M]. 2 版.北京:高等教育出版社,2019.

［3］ 陈雪琼.前厅、客房服务与管理 [M].北京:机械工业出版社,2010.

［4］ 陈莹.客房服务与管理 [M]. 2 版.北京:高等教育出版社,2019.

［5］ 樊平,李琦.餐饮服务与管理 [M]. 2 版.北京:高等教育出版社,2019.

［6］ 郭鲁芳.休闲经济学 [M].杭州:浙江大学出版社,2005.

［7］ 胡敏.饭店服务质量管理 [M].北京:清华大学出版社,2008.

［8］ 黄英,贺湘辉.新编酒店培训管理 [M].北京:人民邮电出版社,2006.

［9］ 李丽,杨国堂.饭店管理概论 [M].北京:科学出版社,2007.

［10］ 李琦.客房服务 [M].北京:中国人民大学出版社,2008.

［11］ 刘筱筱.现代饭店安全管理要点及案例评析 [M].北京:化学工业出版社,2008.

［12］ 吕建中.现代旅游饭店管理 [M].北京:中国旅游出版社,2002.

［13］ 毛江海.前厅服务与管理 [M].南京:东南大学出版社,2007.

［14］ 孟庆杰,唐飞.前厅客房服务与管理 [M]. 3 版.大连:东北财经大学出版社,2007.

［15］ 阙敏.康乐服务 [M].北京:中国人民大学出版社,2008.

［16］ 沈建龙.饭店管理概论 [M]. 2 版.北京:高等教育出版社,2013.

［17］ 沈忠红.现代饭店前厅客房服务与管理 [M].北京:人民邮电出版社,2006.

［18］ 肖建中.服务人员十项全能训练 [M].北京:北京大学出版社,2005.

［19］ 项园园.酒店前厅运转与管理 [M].北京:高等教育出版社,2005.

［20］ 全国旅游星级饭店评定委员会办公室.星级饭店经典服务案例及点评 [M].北京:中国旅游出版社,2008.

［21］ 尹华光.现代饭店管理 [M].北京:中国林业出版社,北京大学出版社,2008.

［22］ 张庆菊.康乐服务与管理 [M]. 2 版.北京:高等教育出版社,2017.

［23］ 郑向敏.旅游安全学 [M].北京:中国旅游出版社,2003.

［24］ 郑向敏.酒店管理 [M].北京:清华大学出版社,2005.

［25］ 左剑.康乐服务与管理 [M].北京:科学出版社,2008.

［26］ 贾方河.酒吧服务学习手册［M］.北京:旅游教育出版社,2006.

［27］ 邹益民.现代饭店管理［M］.杭州:浙江大学出版社,2005.

［28］ 张艺,欧超男.旅游服务礼仪［M］.北京:北京师范大学出版社,2012.

［29］ 蒋丁新.饭店管理概论 [M]. 2 版.大连:东北财经大学出版社,2002.

［30］ 蒋卫平.酒店管理实务 [M].重庆:重庆大学出版社,2008.

## 郑重声明

读者意见反馈

为收集对教材的意见建议，进一步完善教材编写并做好服务工作，读者可将对本教材的意见建议通过如下渠道反馈至我社。

咨询电话　400-810-0598
反馈邮箱　zz_dzyj@pub.hep.cn
通信地址　北京市朝阳区惠新东街4号富盛大厦1座
　　　　　高等教育出版社总编辑办公室
邮政编码　100029

防伪查询说明

用户购书后刮开封底防伪涂层，使用手机微信等软件扫描二维码，会跳转至防伪查询网页，获得所购图书详细信息。

防伪客服电话
（010）58582300

学习卡账号使用说明

一、注册/登录

访问http://abook.hep.com.cn/sve，点击"注册"，在注册页面输入用户名、密码及常用的邮箱进行注册。已注册的用户直接输入用户名和密码登录即可进入"我的课程"页面。

二、课程绑定

点击"我的课程"页面右上方"绑定课程"，在"明码"框中正确输入教材封底防伪标签上的20位数字，点击"确定"完成课程绑定。

三、访问课程

在"正在学习"列表中选择已绑定的课程，点击"进入课程"即可浏览或下载与本书配套的课程资源。刚绑定的课程请在"申请学习"列表中选择相应课程并点击"进入课程"。

如有账号问题，请发邮件至：4a_admin_zz@pub.hep.cn。